大 学 问

始 于 问 而 终 于 明

守望学术的视界

守望传统

石硕 —— 著

在田野
寻找人文

广西师范大学出版社

·桂林·

守望传统：在田野寻找人文
SHOUWANG CHUANTONG: ZAI TIANYE XUNZHAO RENWEN

图书在版编目（CIP）数据

守望传统：在田野寻找人文 / 石硕著. -- 桂林：广西师范大学出版社，2025.7. -- ISBN 978-7-5598-8213-4

Ⅰ．K207-53

中国国家版本馆 CIP 数据核字第 2025HK5216 号

广西师范大学出版社出版发行

（广西桂林市五里店路 9 号　邮政编码：541004）
网址：http://www.bbtpress.com

出版人：黄轩庄

全国新华书店经销

广西广大印务有限责任公司印刷

（桂林市临桂区秧塘工业园西城大道北侧广西师范大学出版社集团有限公司创意产业园内　邮政编码：541199）

开本：880 mm × 1 240 mm　1/32

印张：8.625　　　字数：260 千

2025 年 7 月第 1 版　　2025 年 7 月第 1 次印刷

定价：69.00 元

如发现印装质量问题，影响阅读，请与出版社发行部门联系调换。

自序

这本集子的出版，于我而言，意义非同寻常，是我写作生涯的一种拓展，俗话叫"换频道"——这是我第一本"学术散记"。

和以往出版的诸多学术专著或论文集不同，这部集子有两点让我喜欢：一、无须板着"学术"的面孔，行文轻松、自由；二、无须考虑为科研考核增加筹码之类，写作时心灵比较自由、洒脱。

集子所收文章主要有三个来源：

第一，多年来，应一些刊物之邀如《中国国家地理》等写的文字。刊发后便置之脑后，未再理会。

第二，虽在学术刊物上发表，但比较通俗，有可读性，读来亲切，接地气。

第三，近年东跑西跑，有一些见闻和感触，随手记下，积少成多，也不在少数。

因长期做学术研究，秉性难移，这些文字或多或少带有些

"学术""思想"的痕迹与味道,称其为"随笔"似不太妥帖。一位学界高人阅后称它为"学术散记",我觉得很准确。其实,这些文字的写作比较随性,知识、思想、感悟、认知、情调尽在其中,随笔挥洒,轻松自如,见微知著,是我很喜欢的一种写作。

读清样时,心中掠过一丝疑虑:读者会喜欢这些没实际效用,供茶余饭后打发时光的文字吗?不得而知。不知谁说过,作品一旦完成,就和作者没什么关系,就像母鸡下蛋,人们只会品评蛋的好坏,并不关心生蛋的母鸡。所以,这些文字究竟如何,留给读者评判。

石硕

2024年8月27日于江安花园

目 录

上篇 大地经纬——望天地

三江源：一个观察天人之际与生命意义的视角 *3*

318国道：中国大地上的一条美丽项链 *11*

雪域高原的世界奇观：石渠松格嘛呢石经城 *15*

漫谈藏族及其文化 *20*

方言多样性与经济活力
　　——浙江经济的文化解读 *48*

"西出折多"有"燕尾" *56*

茶在汉、藏之间 *63*

融通汉藏民心的"大先生" *69*

相处之道：藏彝走廊对中国民族交往的经验与智慧 *89*

中篇　文明长河——通古今

打箭炉：一座有"故事"的边城　99
从民族读杭州的背影　117
成都：一个延续两千年的民族协作传统
　　——成都在汉藏民族交往中的地位与特点　121
如何分辨"历史"与"历史学"　138
传说与历史记忆：主体人群与边疆人群如何"与共"？
　　——从"庄蹻王滇"和"打箭炉"说起　143
"亡秦者胡也"与秦筑万里长城
　　——读李济先生《中国民族的形成》有感　158
释《老子》"见小曰明"
　　——兼谈马一浮论读书的"明"与"昧"　165
苏东坡给我们留下什么？　172

下篇　生命学问——见众生

人类学能给我们带来什么？　181
围炉夜话：如何做中国民族史研究？
　　——马长寿、周伟洲治民族史的启示　206
记民族学家李绍明的为人与为学
　　——李绍明先生十年祭　224
一件难以忘怀的事　234
问世间，情为何物？　238

年轻人看我们，比我们看他们要清楚　245
我对教师角色的点滴感悟　251
赠给历史系毕业生的三句话　255

上篇

大地经纬——望天地

三江源：一个观察天人之际与生命意义的视角

司马迁曾留下了一个千古名句："究天人之际，通古今之变。"这简短、凝炼的十个字，概括了古往今来人们探寻与思考"天地人生"奥秘的方向与经纬。然而，关于"天地人生"，比司马迁时代更早的老子则说过一段让我们更为惊叹且意味无穷的话："人法地，地法天，天法道，道法自然。"倘从今天人类学的角度来看，老子这段话，所阐述的实际上是人与环境、人与神、文化与自然之间的内在逻辑关系。这段话，也成了中国古代"天人合一"思想的源泉。

其实，最有助于我们深刻理解"天人合一"和"天地人生"的，往往是人类在接近于极限的自然环境中的生存状态和文化。三江源地区正是这样一个接近人类生存极限的地区。这里地处青藏高原腹地，平均海拔高度3500—4800米，既是黄河、长江和澜沧江三大河流的发源地，也是青藏高原海拔最高、面积最大的高原湿地区，被人们形象地称作"中华水塔"，河流、湖泊、沼泽、雪山、冰川、高寒草甸成为这里最独特的地貌特征与自然景观。在这样一个遍布雪山、冰川、湖泊的高海拔高原湿地，在其严酷与高寒已臻于人类生存极限的特殊自然环境中，人们是如何生活的？他们靠什么来生存？他们在严酷的天地之间怎样表达自己的欢乐与忧伤？他们创造了什么样的文化来赋予生活以意义？

画册《天地人生》所展示的一幅幅极具震撼力的画面，描绘的正是生活于三江源地区人们的生存状态与文化性格。《天地人生》作者可谓独具匠心，他主要选取了三方面的画面来表现三江源地区人们的生存状态：其一，是人与天地自然的关系，即人在天地间的生存状态；其二，婚礼；其三，葬礼。三者均与人的生命休戚相关。其实，一个民族、一个文化，如何对待"生"和"死"，往往关涉其文化的核心，亦最能体现该文化的人生态度及生命价值观。从此意义上说，婚礼虽然只是一个仪式，却是一个关于"生"的仪式，它象征了生命的起始与延续，因此，婚礼所蕴含的是对生命的礼赞，是对生命意义的理解与颂扬。葬礼是生者对逝者的缅怀，其实质同样体现了对生命的关爱与留恋。《天地人生》画册的作者用"人与自然""婚礼""葬礼"三者来呈现三江源这一独特地区人们的生存状态，本身已包含了作者对该区域人们之"天地人生"的一种独到的理解与认识，包含了对该区域人们生命之意义的提炼与思考。这或许正是作者能捕捉到一幅幅如此摄人心魄、极具震撼力之画面的原因。

藏族是三江源地区主体和世居民族，占当地人口的90%以上。他们祖祖辈辈生于斯，长于斯，一代代顽强地在这里繁衍生息，也一代代延续着自己的文化。从世界范围而言，藏族是一个典型的高原地域民族。由于世界只有一个青藏高原，地球只有一个"世界屋脊"，从此意义上说，藏族为适应高原地域所创造的生活方式及其独特文化无疑具有世界意义和人类价值。记得若干年前，我在拉萨遇到一位法国青年，我们坐在一块儿观看大昭寺门前藏族信众磕长头的情景，我问他为什么来西藏，他回答说，他来西藏，是想看看生活在世界上最高地方的人们是怎样生活的，他们想些什么。他的回答让我悟到，高原的地域特点乃藏族同其他民族相比最突出的特点，这也是藏族生活方式及其文化的价值所在。在文学作品中，藏族常被诗意地描述为"离天最近""离太阳最近"的人。但高原环境毕竟是严酷的，在青藏高原环境中，空气中的含氧量常常仅为内地50%—60%，一些高海拔地区甚至不足内地的40%。高寒缺氧、植被稀疏和"物产寡薄"，也是青藏高原地旷人稀的原因。三江源地区更是一个地域广袤、人烟稀少之地，三江源地区土地面积占全青海省的43%，人口占10%，而生产总值仅占青海省的3%，足以说明其生存环境之严峻。

  三江源地区除东部和南部有少量耕地以外，大部分为高海拔牧区，绵羊和青藏高原所独有的牦牛几乎是这里为数不多能够生存的牲畜种类，藏族人更是能怡然自得地在这里生活。这里的藏族人被同胞称作"卓巴"（牧人），他们具有藏族牧民所特有的坚韧、勤劳和乐观的性格。透过《天地人生》中摄取的一幅幅藏族牧民在冰天雪地中放牧与生活的场景，我们看到，在人迹罕至的莽莽雪原之中，在苍茫的天穹之下，藏族牧人静静地放牧着他们的牦牛与绵羊，由于厚厚的雪几乎覆盖了大部分的牧草，牦牛和绵羊为了吃到从雪地中艰难裸露出来的草，不得不满山遍野地散布开来，形成极为开阔、壮观的放牧场面。尤其让人感动的是，在高海拔且几乎是"千山鸟飞绝，万径人踪灭"的白茫茫雪原上，黑色的牦牛散布于天地之间，它们全然不理会正在飘洒和增多的积雪对其生存的威胁，仍执着而悠然地吃着草，这景象让人着实震撼于在臻于极限的自然环境中生命的顽强。牦牛是青藏高原特有的高寒动物品种，也是世界上生存于海拔最高处的哺乳动物。牦牛主要生活于青藏高原海拔3000—6000米的高山草甸地带。在夏季，牦牛的活动地域甚至可到海拔5000—6000米的地方，直抵雪线下缘。在青藏高原上，人迹罕至的高山峻峰、山间盆地、高寒草原、高寒荒漠草原等各种高寒环境中，均可见到牦牛的身影。牦牛对高原环境的适应能力可谓无与伦比，具有惊人的耐苦、耐寒、耐饥、耐渴的能力，同时还是高原上不可替代的运输工具，牦牛善走陡坡险路、雪山沼泽，具有很好的识途本领，并能避开陷阱择路而行，能游渡江河激流。因此，牦牛被人们称为"高原之舟""高原之魂"。从很大意义上说，牦牛是藏族人民赖以在青藏高原高海拔地区生存的最重要的生物基础。一般说来，青藏高原在海拔3800米以上的地区基本上为纯牧区。藏族人在纯牧区生存的一切方面均离不开牦牛，他们喝牦牛奶，吃牦牛肉，以牦牛粪为唯一燃料取暖煮食，住牦牛毛织成的帐篷（唯有此类帐篷在高海拔地区最能御寒），穿牦牛毛皮做成的衣服和靴子，用牦牛毛皮制成的口袋盛物，迁移流动（当地俗称"转场")也以牦牛为运载工具。在高海拔牧区,牦牛承载起了藏族牧人衣、食、住、行、烧的各个方面,在农区,牦牛还是耕地能手。可以说,如果没有牦牛,藏族人绝不可能在如此高海拔的地区生活。所以,在世界屋脊,在离天最近的地方,我们看到这样的景象:高海拔的生态环境造就了牦牛这一独特而坚韧、顽强的生物品种,藏族人则依赖于牦牛在高海拔地区创造出他们独特的生存方式。从一幅幅反映三江源地区藏族牧人生活状态的照片,我们可以看到他们的生活极为简单、粗放,白天他们赶着牛羊在广阔的旷野里放牧,夜晚则以牦牛毛织成的帐篷为家,帐篷里除了基本的日常生活用具,几乎没有别的什么。女人永远是帐篷内外最忙碌的人,她们承担着挤奶、打酥油茶、照料小孩和准备全家饮食等日常事务,男人和小孩则都是天然的牧人。其实,按时下的商品价格计算,当地牧民绝不算穷,一户拥有数十或上百头牦牛及数百头羊的牧民家庭,其家产往往有数十或上百万元。但这样的数字对他们并无太大意义。要在如此高海拔的地方生存,他们那种看似简单、粗放且显得原始的生活方式就是必需的,是最合理的,也是最能与高原生态环境融为一体的。对自然的敬畏与尊崇是藏族文化观念中的核心内容,在藏族人眼中,高原上大部分山都是"神山",大多数湖泊都是"圣湖"。藏族对"神山""圣湖"的崇拜是绝无仅有的,在现代文明高度发达的当下,藏族仍然保留着匍匐地亦步亦趋磕长头转"神山""圣湖"的习俗,这代表了当今人类膜拜自然的极至。这种对自然的敬畏与尊崇是藏族祖祖辈辈在青藏高原生活所积淀下来的文化经验,代表了藏族人对于处于极地的高原自然环境的一种独特理解与认识,凝聚着其生存的智慧。从这个意义说，在三江源地区，GDP这样的概念是没有意义的，人在这里生存本身就是一个奇迹。在这里，人与自然的和谐是根本的生存之道，这不仅是建立三江源保护区的意义所在，也是当地人之"天地人生"给我们的启示。

不过，三江源地区人们的生活方式并不是单色调的。尽管藏族作为三江源地区主体和古老的世居民族，他们的生存方式在当地极具代表性和典型意义，但目前在所划定的三江源保护区范围内，尤其是黄河上游一带，除藏族之外，还存在一些其他民族，他们是蒙古族、土族、撒拉族、回族和汉族，这些民族大多是后来因某些历史原因陆续迁入的。这些民族中，以蒙古族同藏族的生活方式最接近，二者均以高原牧业为基本生计，所生活的区域海拔较高。其余的民族则多以农业为生计，且多分布于海拔相对较低的河谷地带。这些民族的迁入，不仅给三江源地区带来生存模式与文化的多样性，也给当地人们的生活带来了更多的生机与活力。在蒙古草原上，当地牧民判断草原的优劣有一个简单方法，数在1平方米之内草的种类，草的种类越多说明草原越好，越少则说明草原质量下降。这说明生物多样性是衡量生物生命力的一个标准，即生物之生命力与物种多样性直接相关。其实，文化也同样如此，文化的多样性同样与文化的生机与活力相关。在《天地人生》画册中，我们看到了三江源地区不同的生存方式，既有游牧，也有农耕，我们也看到了不同民族、不同文化的形形色色的婚礼与葬礼。毫无疑问，文化的多样性赋予了三江源地区人们的生活以更多色彩和更丰富的内涵。恰如三江源是世界高海拔地区中生物多样性最集中的地区一样，在这里文化多样性同样是不可忽视的特点，这同样是我们理解三江源地区人们生存状态的一个重要视角。

此外，尽管三江源地区严酷的自然环境给人们带来了生存的艰辛，人们的生活呈现出简单、粗放和几近原始的一面，但是，当地人们的生活基调却并不是灰色的。在这里，人们仍然存在充满喜庆、欢笑、热烈、温暖、幽默、欢愉的生活。如果说，简单、粗放的生活方式体现的是人对自然的遵从与适应，是人与自然的和谐，那么，后者所体现的则是人在严酷自然环境中对于自身以及对于生命的态度，二者相辅相成，相互交织，共同构成了当地人完整的生活图景。给人印象极深刻的是一幅幅当地不同民族的喜庆的婚礼场面，婚礼上的一张张绽放的笑脸，新娘、新郎幸福羞涩的面容与缀满装饰品的华丽盛装，桌子上盛满的各种美食、糕点，无不展现着这里的人们对生活的热情、乐观与豁达，展现了人们在严酷环境中对生命的热爱。按人类学的观点，仪式总是最具文化意蕴的，它不仅是人们创造出来用以平衡自己的需求，赋予单调的生活以意义，而且也最能反映人们内心的企盼与愿望。在三江源地区，隆重婚礼更是充满和寄托了人们对幸福的渴望与对生命延续的期盼。画册中呈现的一幅幅喜庆、热烈的婚礼场面，正反映了三江源地区人们的一种生命态度及文化价值观。这样的婚礼，放在内地其他地区也许很平常，但在三江源这一严峻的自然环境中，却有着极不平凡的意义。它们也使人深刻地感受到"文化"的价值和力量。文化是什么？其实就文化的功用而言，有一点是不言而喻的——文化是人们适应其自然环境的一种生存策略和智慧，也是能够给拥有此文化的人们带来最大

9

幸福感的一种生态方式。在三江源地区，尽管严酷的自然环境使人们的衣、食、住、行不得不趋向简单、粗放，甚至原始，但是简单和粗放的生活却远不能淹没人们内心的生命欢悦、爱的表达以及对美的渴求。婚礼和葬礼都成为人们表达和寄托这些情感与愿望的最佳方式。画册中有一幅画面给人留下极深的印象：一串串火红的辣椒塞满整个院落，从房前屋后直到房顶全被红红的辣椒覆盖。辣椒并非果腹之食，只是一种佐食的调料，但辣椒能增添刺激、兴奋和热烈，给平淡的果腹之食带来浓烈的滋味。事实上，这幅火红辣椒塞满整个院落并给人强烈视觉冲击力的画面极具象征意义，颇能代表当地人的生活态度与生存性格——尽管自然环境严峻，却并不以果腹为终，仍然选择了充满着生命欢悦、爱的表达与美之渴求的喜庆、热烈、欢愉的生活。

同样让人深切体会到三江源地区人们生命态度及生命尊严的是一幅幅当地葬礼的画面。画面中透露出的肃穆与庄严，一张张凝重、哀伤的面孔，凸显了生者对逝者的无限缅怀。当我们看到画册最后所展现的漫山遍野覆盖于天地之间并分别代表天、风、火、水、土五要素的蓝、白、红、绿、黄五色经幡迎风飘动的壮美画面，我们不由得感叹人类文化之伟力。透过画册中一幅幅摄人心魄的画面，我们看到，文化就这样因特殊自然环境应运而生，但又与自然环境高度融洽和匹配。这真是一种极高的生存智慧，也恰好印证了老子在数千年前说出的那句名言——"道法自然"。这一点可能正是三江源地区人们的"天地人生"及其文化生命力所在。

318国道：中国大地上的一条美丽项链

在中国北纬30度左右，有一条横越东西、跨度极大的公路，它就是起于上海、终于西藏樟木的318国道。我不知道这是不是中国最长的公路，但当我第一次从《中国国家地理》执行主编单之蔷那里听到中国有一条最美的景观大道，这条景观大道正好沿318国道一线分布时，我不得不为这一发现暗自惊愕——是啊，翻开地图，从美丽的上海向西，太湖、西湖、黄山、庐山、长江三峡、峨眉山、乐山大佛、海螺沟、贡嘎山、九寨沟、稻城亚丁、雅鲁藏布大峡谷、圣城拉萨、羊卓雍湖、珠穆朗玛峰、扎什伦布寺这些在中国几乎知名度最高、最美的景观竟然全都奇迹般地集中在318国道沿线。这真是不可思议！这让我想到，假若把上述景观比作一颗颗镶嵌于中国大地的璀璨明珠，318国道恰好像一根把它们一一串连起来的线，成了中国大地的一条美丽项链。所以从观光角度说，318国道真是一条名副其实中国最美的景观大道。

不过，在这条景观大道中，最美、最精彩的一段，显然要算起自成都，经康定、昌都到拉萨的川藏线。长达三千多公里的川藏线可说是中国最崎岖险峻、通行难度最大的公路，它所穿越的青藏高原东部横断山脉地区是世界上地形最复杂和最独特的高山峡谷地区，也是南亚板块与东亚板块不断挤压形成的一个大的地球皱褶带，这一地带大多属青藏高原东南部的"康区"。这里，从东向西有岷江、大渡河、雅砻江、金沙江、澜沧江、怒江六条大江自北向南穿过，这六条大江及众多支流犹如一把把利剑，在崇山峻岭之中开辟出一道深陷的河谷，从河谷底部到山顶的相对高差常常在2000—3000米甚至4000—5000米。所以川藏线所穿越的是世界上山最大、谷最深的地区之一，其地形阻隔程度为世所罕见。当地流传的"两山夹一川，两川夹一山""相对可闻声，见面要十天""一山有四季，十里不同天"等说法就是其独特地理环境的生动反映。然而正是在川藏线所穿越的这个自然环境异常奇特多样的高山峡谷地区，有着无数童话般神奇壮美、无与伦比的自然景观。可以说当今中国具有世界价值并为人类所神往的一些极品景观如贡嘎山、稻城亚丁、九寨沟、梅里雪山、雅鲁藏布江大峡谷大多存在于这一区域。不过，我认为该区域的景观价值远不止于此。沿川藏线穿行，我们可看到坐落于狭窄深陷山谷中繁荣拥挤的城镇，看到宽阔广袤的牧场，看到水草丰茂如桃源仙境般宁静的河谷田园风光，也可看到半山起伏的牧场与河谷田园交相辉映的农牧混合景象。到康区旅行过的人大多有这样的记忆，置身康区的许多地方，同时映入眼帘的往往既有高耸的雪山、缀满鲜花的茵茵草地，也有远处茂密的原始森林和深切河谷中湍急的河流，它们在高原无比洁净的蓝天白云下交相辉映，构成了川藏线上特有和最常见的立体景观。事实上，由于川藏线穿行的区域本身就是中国一个最具魅力的巨大景观库，因此沿川藏线旅行你几乎用不着去专门寻觅，扑面而来的那些摄人心魄的雪山、森林、牧场、田园、河流、村寨、牛羊……就会让你应接不暇、一呼三叹、美不胜收。正因为川藏线所穿行区域有着令人类语言和想象力黯然失色之美，无法找到写实的词语来描述它，所以人们给了它一个虚幻的梦境般名称——香格里拉。

川藏线的人文景观同样具有无限魅力，它穿越的藏彝走廊是古代众多民族迁徙、交融互动之地，也是农牧交错带和农耕与游牧文化交融地区，这里民族文化的多样性与丰富多彩为世所罕见。沿川藏线西行，尽管同是藏族聚居地区，但沿途的民居式样、服饰衣着、民族风情、语言乃至房前屋后信仰标志却像走马灯一样变幻着，让你如同行走于一个多姿多彩的民族文化走廊。川藏线上的康定更是一个多元文化的荟萃之所，在不足几平方公里的康定城内就集中了世界三大宗教场所和藏传佛教各大教派的寺院。在昌都芒康县盐井区则形成基督教、藏传佛教与东巴教相互并行的和谐局面。在这里，各民族（乃至同一民族内部的不同族群）在文化上你中有我、我中有你、你来我往的状态达到一种奇特的和谐与融洽，以至于你很难在"民族"与"文化"之间画等号，也很难在"民族"与"文化"之间找到清晰的界线。此外，由于高山深谷、河流纵横、地势险峻与交通阻隔，川藏路沿线还是目前我国民族文化原生形态保留最好、历史积淀最丰富的地区。雅砻江流域有至今仍以母系为中心，实行"走婚"形态的扎巴人；金沙江河谷深处三岩地方仍保存一种被称作"戈巴"和"巴错"的典型父系社会组织；康北牧区有以"骨系"（父系血缘）为纽带的游牧单位和血缘组织。该地区还保留大量古代称作"邛笼"的独特石碉，今大渡河上游丹巴县留存的古碉数量之密集着实令人惊叹，号为"千碉之国"。川藏线沿途亦堪称青藏高原上的宗教博物馆，这里不仅汇聚着现今藏传佛教所有教派的寺院，甚至历史上完全消失的教派如觉囊派以及佛教传入前青藏高原地区最古老的苯教也有很好的保留。这里有相传最古老的苯教寺院——丁青孜珠寺，有堪称信仰之奇观和草原石刻艺术博物馆的石渠松格嘛呢石经城和巴格嘛呢石经墙（新近被列为"国保"[①]）。此外，川藏路沿线地区还存留大量被称作"活化石"的独立和尚待认识的语言，如木雅语、尔龚语、扎巴语、贵琼语、却域语等，说这些语言的多则上万人，少则仅有几千和几百人，此即费孝通所称"被某一通用语言所淹没而并没有完全消亡的基层语言"，在语言学上具有极高价值。故费孝通先生称该地区"沉积着许多现在还活着的历史遗留，应当是历史与语言科学的一个宝贝园地"。

川藏沿线是一个文化多样性与原生形态保留最好民族画廊，其丰富多样的文化与古老的历史积淀相互交织，让其成为中国人文景观中独具魅力的宝贝园地！

[①] "国保"即"全国重点文物保护单位"的简称。——编注

雪域高原的世界奇观：石渠松格嘛呢石经城

在位于雅砻江源头地区海拔4000多米的四川石渠县"扎溪卡"草原深处，矗立着一座罕见的世界奇观：一座用刻满佛教经文、六字真言和佛像的嘛呢石刻垒砌起来的嘛呢石城——松格嘛呢石经城。

城东西长73米，南北宽47米，城的外墙高度约为9米，城的中心主体经幢部分最高点为14.5米。城四周外墙上布满了一排排重重叠叠的神龛，神龛内供奉着各种雕刻精美的彩绘石刻佛像与神像。有浅浮雕、线刻，雕刻技法极为精美，佛像和神像的种类繁多，且千姿百态、神态各异。城外围城墙上就有神龛383处，其中正面墙204处，东面墙68处，西面墙62处，背面墙49处。城内同样布满了供奉着各种雕刻精美、神态万千的石刻佛像的神龛。以石刻佛像的数量与价值来说，该城堪称是一座草原上的石刻艺术博物馆。

城内密密匝匝堆砌着刻有各种经文和佛像的嘛呢石堆，仅有狭窄的通道可供通行，人行其中宛如迷宫。城内中心处有一神秘的井眼。井眼空灵而深不见底，据说对着井眼俯耳倾听，人们可听到河水的流动声、寺庙的螺声、鼓声，甚至战马的奔腾声……每个人听到的声音均不相同。

整座松格嘛呢石经城没有任何框架作支撑，也没有使用任何黏合剂，完全由一块块嘛呢石刻堆砌而成。但是，从城内的中心点——由五个石圆圈重叠的神秘井眼——中能感到一种空灵，从城内迷宫一样的通道和石经城的方位等这些迹象看，这座嘛呢石经城不像是由人们随意堆砌出来的。它很可能从一开始就进行过某种规划与布局，而且从城所处环境看，其选址颇讲究。

这座矗立在草原上的松格嘛呢石经城始建于何时？由谁所建？为何而建？这些均是有待破解的谜。不过，关于这座石经城的建造年代和来历，有两条线索可供参考。其一，石经城所在的阿日扎乡一带普遍流传这样的说法：在格萨尔时代，英雄格萨尔王的军队曾在这一带与敌方部落发生过一场大的战事，许多士兵在战斗中阵亡，为给战死疆场的士兵超度亡灵，将士们在此垒起了一个嘛呢堆。后来当地人民因为缅怀格萨尔王的功绩，纷纷来此朝觐，嘛呢堆越垒越大，最终形成了这座嘛呢石经城。在松格嘛呢石经城正面中央位置的神龛内，我们发现供奉有格萨尔王及其三十员大将的彩绘石刻像30余尊。似可说明石经城与格萨尔确有一定关系。石渠草原曾是当年格萨尔所创建的根据地之一，今石渠一带仍流传着许多关于格萨尔及其活动遗迹的传说。今格萨尔学界不少学者认为，岭·格萨尔是以11—12世纪今四川德格和石渠一带的岭氏家族（德格林葱土司先祖）为原型逐渐演变而来，格萨尔学界将今四川甘孜州德格县阿须乡的吉苏雅给康多定为"格萨尔故里"（当地有格萨尔王庙和其活动的种种遗迹）。德格阿须草原与石渠紧邻，且石渠扎溪卡草原又是岭·格萨尔早年的主要活动地域。格萨尔约为岭氏家族之30代前后的传人，其生活的年代在11—12世纪，相当于中原的宋代。倘若松格嘛呢石经城的来历确如当地的传说中所言，那么这座石经城的历史至少已有千年。其二，据县上的同志介绍，几年前石渠县文物部门曾在松格嘛呢石经城墙基处向下挖过一条深1.5米沟，发现下面嘛呢石刻上所刻经文多为梵文。倘若石经城的墙基下确有梵文经刻，对确定其始建年代将是一个重要线索。梵文在西藏自治区及周边藏族聚居区主要盛行于佛教前弘期即吐蕃王朝时期，公元842年达磨灭佛使佛教徒由卫藏向康区等边地转移，在经过一百多年即到10世纪后期兴起了佛教由康区向卫藏传播的下路弘法，而当时包括石渠和德格、白玉等县的金沙江两岸一带乃下路弘法的核心地区。藏传佛教噶举派和宁玛派的许多开派主师，如都松钦巴（噶玛噶举派祖师）、仁钦贝（止贡噶举派祖师）、帕木竹巴（帕木噶举派祖师）和宁玛派的噶当巴德西（噶拖寺的始建者）等高僧大德都出自石渠、德格、白玉一带的金沙江两岸地区。以此背景而论，梵文在石渠一带使用的时间可能较早，可能达到后弘期初期即11—12世纪。当然梵文在康区等边远地区使用时间延续较长，这也需要注意。若石经城墙基下确有梵文石刻，那么从石渠位于下路弘法核心地区这一点看，石经城的始建年代就很可能上溯到11—12世纪。值得注意的是，这一时期恰好也是岭·格萨尔之原型岭氏家族势力活跃的时期。这就意味着，关于松格嘛呢石

17

经城，格萨尔传说与梵文石经所提供的年代线索能够大体吻合。

考察过程中，笔者还从城的墙基一带发现了一些字迹因风蚀而显得漫漶的苯教雍仲符号，这可说明在石经城始建的时代，苯教在当地应具有相当势力。

据附近一带的群众说，松格嘛呢石经城永远"长"不高，地面部分有多高，其陷入地下的部分就有多深。这意味着，地上所见的松格嘛呢石经城只是它的一半，还有另一半陷入了地下。此说法虽有待证实，但从一些迹象看这种情形完全可能。首先，一般说草原的地下水位较高，且土质松软，从石经城周边墙基看有明显下沉的迹象。据当地群众说，每年藏历正月从城的墙基处会渗出一种红泥，当地人视为祥瑞，并以此治病。墙基渗泥显然是城下沉过程中的挤压之物，证明石经城每年确在下沉，且下沉时间主要在冬季。其次从城内中心井眼中所能感到的潮湿与空灵，说明城的下面松软。松软潮湿的地基，其承载力可想而知。所以松格嘛呢石经城因嘛呢石垒砌太高，地面不堪重负而出现了下沉的情况是完全可能的。松格嘛呢石经城是一座"活"着的城，自它存在以来其建造就从未停止过，每年都有无数新的嘛呢石刻不断往上垒砌，即便"文化大革命"中也未曾中断（因地处偏僻，松格嘛呢石经城未遭任何破坏）。它不断垒砌但又永远"长"不高的事实，表明这座石经城已有非常久远的历史。

嘛呢石刻是藏族聚居地区的一种独特的文化，有着异常古老的起源，它与藏族聚居地区先民远古时代对石的崇拜以及佛教传入以前的苯教信仰均有着千丝万缕的联系。今天藏族聚居地区的嘛呢石刻虽与寺庙文化已有一定联系，但它主要属于一种民间信仰系统，是生存环境较恶劣的藏族聚居地区农牧民较自由地表达信仰的一种民间化的途径与方式。特别在辽阔的草原牧区，因寺庙稀少且距离遥远，嘛呢石刻往往成为牧区民众表达和实现信仰的一种主要方式。嘛呢石刻文化在与石渠县相邻的青海玉树、西藏昌都地区北部以及整个藏北牧区一线均极为发达。尤其在昌都和藏北一带，许多嘛呢石刻的年代相当古老，可达吐蕃时代，有些嘛呢石刻堆的规模和范围也极大。笔者曾沿这一线作过考察，却从未见到用嘛呢石垒砌的城。据笔者了解，可以说在整个青藏高原地区，目前还尚未见到过一座像松格嘛呢石经城这样完全用嘛呢石刻垒砌起来的完整的城。所以松格嘛呢石经城无疑是藏族地区的嘛呢石刻文化的一个特例，也是一个登峰造极的文化标志，同时也是一个举世无双的文化奇观。它在宗教、艺术、建筑乃至民俗文化方面的价值不言而喻。从某种意义说，这是一座具有世界意义与人类价值的"城"。

由于草原过于开阔，因此整座城看上去并不雄伟、高大，但每每想到这是一座用一块块一锤一凿地刻满经文和佛像的石片、石块在可能长达千百年的漫长岁月中逐渐垒砌起来的城，你就不得不为生活在高原恶劣环境中的藏族人民的信仰力量和坚韧、执着的精神所感动和叹服（这事实上体现了一种属于人类的精神力量），也不得不为它深邃的文化内涵所吸引。

漫谈藏族及其文化

我和西藏很有缘。

我第一次进藏是1991年，来了之后就被这片神奇的土地和厚重的文化深深吸引。后来因为做藏学研究，西藏的七个地市我都跑过，这几年几乎每年都进藏，有时一年要去两三次。我带的博士、硕士生中，也有不少藏族学生。据我了解，对于我们从内地来到西藏的人来说，遇到的一个主要问题就是如何认识藏族及其文化。我们从进藏开始到离开西藏，乃至回到内地，这个问题可能始终萦绕在我们脑子里。我们在内地生活，基本上不遇到这样的问题，因为我们周围的人都是说一样的语言，有一样的生活模式和习俗，一样的价值观念，所以我们的交流没有文化的障碍。但是当我们来到一个不同的文化区域和环境，会发现周围人说的语言、穿着、他们的生活习俗以及价值观念和我们都不一样。这个时候我们会感觉到和他们的交流存在障碍。原因是我们跨了文化，我们从一种文化跨入另一种文化里面了。在这种情形下，如何看待藏族及其文化就成为我们进藏以后迫切需要面对和解决的问题。我今天要谈的不是一个知识性的话题，因为知识性的话题我们在书本上都能找到。我主要是想结合我对藏族社会、历史、文化的研究，以及我个人的一些经历和体验，和大家交流一下，对于我们从内地来到西藏的人，应当如何来认识和理解藏族及其文化。我希望这个话题能对大家认识西藏和藏族有所帮助。

我讲四个问题：一、从文化人类学的理论视点谈谈如何看待不同的文化；二、从高原地理环境认识藏族的生活方式；三、从高原环境认识藏族的宗教信仰及价值观；四、谈一下藏族的文化性格。

一、从文化人类学的理论视点谈如何看待异文化

要认识一种和我们完全不一样的文化，首先有必要了解一下人类学在认识异文化方面有哪些基本经验和理论。

在人文学科领域，有一个专门研究人类文化的学科，这就是文化人类学。我先介绍一下文化人类学对待异文化，有怎样的观点和看法。文化人类学的发展经历了三个阶段。第一个阶段是18世纪，人们称之为理性时期，即进化论的时期。在达尔文生物进化论的影响下，人文社会科学领域也产生了文化进化论的观点，认为人类文化不仅有高低优劣之分，而且是不断从简单到复杂、由低级向高级进化，因此当时常用"原始社会""初民社会""原始文化""蒙昧社会"等术语来形容与西方文化相异的文化及社会。第二阶段从19世纪末到20世纪70年代，为结构论时期。人

们在深入研究各种有文字或无文字的社会、"高等"和"低等"文化后，发现每个文化都有自己的独特历史，自己独立的体系，有自己的结构和机制。第三阶段为文化相对论时期，进入不同文化相互理解的时期。20世纪70年代后，文化相对论成为主流共识，认为文化没有高低优劣之分，每一种文化，它都因其自身独特的历史而具有独特的价值，我们不能说某一种文化比另一种文化更高明。例如，汉文化和藏文化都是各具特色的文化，二者都是中华文化的有机组成部分，我们不能说汉文化比藏文化先进，也不能说藏文化比汉文化优越，正如我们不能说汉语就比藏语高明，也不能说某一个民族的服装比另一个民族的服装更先进。因为文化是不能横向作价值比较的，而应从一个文化产生的历史、环境中去理解他的独特性和特殊价值。同时，我们也不能用自身的文化价值标准去评判另一种文化。我们在认识一种与我们不一样的文化时，常常会犯一种错误：就是以自己的文化为参照和坐标，去评判另一种文化的高低、优劣，这种观点是狭隘的文化自我中心主义，是完全错误的。事实上，每一个文化都是一个独立的体系，人们越来越认识到不同文化之间需要相互理解与沟通。我们应该采取的正确做法就是文化相对论的观点。如果我们依旧站在文化自我中心和种族主义的角度去看待其他的民族文化，就不是一种科学的态度。回顾历史，在18、19世纪，西方坚持西方文明中心论，认为自己的文化是全世界最文明、最高的文化，但今天西方已经放弃这种看法，开始尊重文化多样性。2000年联合国教科文组织出了一个《世界文化报告》，提出当今世界的文化主题是"文化多样性、冲突与多元共存"。今天随着物质文明的丰富，人们已经越来越从追求生存与安全转向了追求意义和价值。意义和价值来自哪里？来自我们的文化。每个文化都有自己的价值观。这种例子非常多，比如说在20世纪60年代的时候，台湾的高山族基本上都信仰基督教，但到了70年代，他们富裕起来后，几乎全都回归自己的宗教了。他们发现尽管自己富裕，但把自己的文化丢掉了，生活的意义和价值就黯然失色。文化人类学还给我们提供了一个非常重要的观点，即人们是通过"他者"来认识自己，认识自身的文化的。以个人来举例更容易理解，如果一个人不和其他人接触，把自己孤立起来，便永远不可能认识自己，人只有在和别人交往的过程中，让别人成为你的镜子，才能认识自己。每一个人、每一个民族、每一种文化，都是通过"他者"来认识自己的。人们要认识自己，一个主要途径就是超越自己，超越的途径就是认识"他者"。今天，文化人类学已成为西方综合性大学的一门基础课，主要是帮助人们怎样认识不同的文化，这非常重要。

有一年我们在北京开一个有关民族学的会议，大家有一个共识，认为中国是一个多民族国家，那么多民族，不同的文化在一块儿，但是我们的大学里却没有开设帮助大家如何认识不同文化的通识课，所以当时写了一个提案，建议教育部在我国综合性大学里开设文化人类学公共课，介绍文化人类学的基本知识和理论。一个民族、一个文化，只有认识别的文化，才能产生对照、自省和文化自觉，才能够正确认识和评价自己，也才能够真正了解和认识自己的文化。

我们很多国内的人，长期生活在同一个文化背景里，很难了解和认识我们自己文化的特点。只有在旅行等过程中，接触到别的文化，和自己的文化拉开一段距离之后，才能够更清楚、更深入地认识自己文化的特点。我们个人也是这样，每个人也是通过你的社会关系、你的交往，通过他者来认识自己的特点。因此在不同人、不同文化、不同民族的交往中，正确的态度便是从别人的文化中来反观自己的不足。对待不同文化的基本态度和立场是不能以自身的文化标准去判定别的文化，这个是一个错误路径。更不能"以己之长比别人之短"，而要以别人的"长"来审视自己的"短"。我举个例子，如果一个人在社会生活中，老是以自己的"长"来比别人的"短"，这个人就很难进步，他处于一个封闭的状态。如果一个人在社会生活中总是能看到别人的长处来对照自己的短处，他才能不断提高和进步。文化和民族也是这样。当今世界判定现代文明与现代人的一个重要标志就是看他是否有开放的文化态度。开放的文化态度就是首先要尊重不同文化，尊重不同文化之间的差异。据我了解，在祖国的一些地区，因为汉族人口最多，又是主体民族，所以往往不自觉地有一种文化自我中心的倾向。真正的现代文明、现代人，应该是尊重文化的多样性。和谐的基础是包容和开放的心灵、开放的文化态度。我们现在强调"和谐"，因为和谐才能产生稳定，而稳定的基础是要包容多样性和差异。我常给学习民族学、藏学的学生说，你们合不合格有一个简单的标准，就是看你们是否树立了尊重差异、包容多样性的文化态度。我认为咱们做民族和文化工作的人都应该有这么一个基本态度。大家知道，生物学上有一个定律叫"生物多样性"，其实文化也同样如此。很多年前，我在内蒙古考察时，途中在草原上停车休息，陪同我们的是时任内蒙古大学副校长齐木德·道尔杰教授，我看见他趴在草地上像找什么，好奇地问他，他说他在数草种，他说过去草原牧民判定草原好坏的方法很简单，就是看一平方米之内有多少种草，过去可达到200种，是比较好的状态，现在只有三四十种，状态在恶化。以一平方米内草种的数量来判定草原的好坏，这是牧民千百年来总结出来的经验。其实文化也是这样。文化的同质化是非常危险的状态，就像生物的同质化也是非常危险的。比如说一座山都是一种树种，这是非常危险的状态，几十种、上百种树种就可以形成一种稳定的结构。文化也是这样，我常给学生说，我们能够生活在一个多民族的、有各种不同文化的国家里是我们每个人的福分，我们能够充分享受文化多样性带来的多彩与丰富。其实有很多东西我们平时看不见，或是意识不到，但一旦这些东西没有了之后，就会出现一种很可怕的结果。

二、从高原地域环境认识藏族的生活方式

对我们从内地来到藏族地区的人，认识藏文化有两个根本的障碍：第一个障碍就是高原地域，因为内地是一个非高原地域，我们到西藏之后会发现很多东西都和我们不太一样，包括习惯、衣食住行，等等。如果我们缺乏文化人类学的基本常识，就很容易用非高原地域的人的生活方式去评判高原地域，这就造成了认识上的障碍。另一个障碍是宗教信仰，内地是一个相对世俗化的社会，几千年来我们是靠中央王权体制来形成凝聚核心，所以世

俗化程度是比较高的，宗教未得到充分发育。生活在世俗化程度比较高的社会中的人到了一个宗教信仰很浓厚的民族之中，他要认识这个社会就面临着障碍。比如有些地方常说"宁拆一座庙，不拆一桩婚"，这个价值观念里婚姻比信仰重要，但是这个话语放到西藏地区的社会环境就不太合适，它与当地的价值观念格格不入。在藏族的文化观念里，信仰比婚姻的分量要重。我接触过一些到西藏旅游的朋友，他们看到转经和朝圣的藏民把很多的钱、酥油等都奉献到寺庙，觉得很惋惜，他们觉得剩余的产品应该用来扩大再生产，这就是世俗社会中的观念，觉得人要不断地扩大再生产。但是在西藏就不是这样。所以到了西藏往往面临两个困境：一个是高原地域，另一个是宗教信仰。这是我们认识藏族和藏文化的两个障碍。对这一点我们一定要有自省、自觉。

我们先来看一看青藏高原。青藏高原在我国的版图里面占了很大一块，将近四分之一。从世界范围来说，主要有三大高原：一个是南美高原，平均海拔在3800米左右；还有一个是东非高原，它海拔要低一些，2000多米；还有一个就是青藏高原，青藏高原的平均海拔在4000—4500米。如果把青藏高原放到世界范围来看，它是世界上海拔最高、面积最大的高原，因此，被称为"世界屋脊"或者"地球第三极"。青藏高原是一个独特的地理单元。它的北面是号称"亚洲脊梁"的昆仑山脉，昆仑山脉很长；它的西面和南面是喜马拉雅山脉；东面是唐古拉山、巴颜喀拉山、祁连山；等等。所以它是被周围巨大的山脉环绕的一个地理单元。青藏高原的面积是290万平方公里，面积非常大。藏族是青藏高原的主体民族，当然青藏高原除藏族之外还生活着一些其他民族。藏族的分布范围和青藏高原的范围大体上是重合的。我们在四川的藏族同胞聚居地区发现一个很有意思的现象,和藏族交错和毗邻而居的还有其他一些西南民族,但是一旦到了海拔3000米以上的区域,基本上就是藏族生活的区域。所以藏族主要居住于高原区域,如果要给藏族一个定位,可以说他是一个典型的高原地域民族。青藏高原的唯一性,也决定了藏族及其文化在世界范围内的独特性。我有一个经历,20世纪90年代中期我来拉萨,我坐在大昭寺外面的台阶上休息,旁边有一位法国来的小伙子,他能说点中文,我问他为什么来西藏。他说:"我来西藏很简单,主要是想看一看在世界上最高地方的人,他们是怎么生活的,他们想些什么。"他的回答很有意思,也让我意识到高原地域特点应该是藏族同其他民族相比最突出的一个特点。从这个意义上说,藏族的生活方式和文化也是具有世界意义和人类价值的。因为只有从藏族的生活方式中,我们才能了解到世界上海拔最高地方的人是怎么生活的。只有从藏文化里才能回答这个问题。当然我国56个民族中,藏族是其中的一员,他们的文化也是中华文化的有机组成部分。我们的中华文化是很有特色的,藏族文化给中华文化这个庞大体系增添了很多特色,这是藏族文化非常值得自豪的一点。在文学作品里,藏族常被描写为"离天最近""离太阳最近"者,这看似很浪漫,但大家同时应该意识到一个事实,高原对于人的生存来说是一种比较严酷的环境。首先是"高",气压低,缺氧,温差非常大,空气里的含氧量通常只有内地的一半,一些高海拔地区可能更低。过去从外面进入青藏高原地区的人,在他们写的游记里,很不理解一个事,他们到了高海拔的山口，就呼吸困难，喘不过气来，头发晕，嘴唇发乌。当时的人不知道这是为什么，人们认为是"瘴气"在作怪。"瘴气"看不见，所以经常在山垭口，人看着看着就不行了，人们会认为是"瘴气"导致的。青藏高原有很多地方是完全不适合人类生存的。《旧唐书·吐蕃传》中谈到吐蕃的环境时用一个词叫"物产寡薄"。[①]2014年七月份我从那曲去阿里，穿越羌塘高原，大部分地方是无人区，道路也不明显，经常走错路，要问路也根本找不到人。包括三江源、可可西里这些地方很多都是如柳宗元一首诗中所描绘的"千山鸟飞绝，万径人踪灭"的景象。所以青藏高原很多地方地旷人稀，是自然条件所限，有它的合理性。这个地方对人类而言，并不是适宜生存之地。但千百年来，藏族在这样的环境中生息繁衍，并且创造了厚重而独特的文化。我们该如何理解藏族文化？如果说，文化是一种生活方式，那么，藏族的文化（生活方式），就是为了适应高原环境而产生的一套生存策略。这个方面的例子很多，我简单举几个，比如说高原昼夜温差很大，所以藏族常穿藏袍，到了正午时脱一只袖子。这是为了适应高原环境的衣着，还有很多帽子、头饰等，这些都是为了适应高原环境。另外，我们知道在拉萨，水七八十摄氏度就开了，饭是煮不熟的，过去没有高压锅，所以藏族人很智慧地把青稞炒熟后磨成面，就可以解决熟食的问题，不会长期吃夹生的东西，而且很便利，到任何一个地方，只要有茶、酥油，和着就可以

[①]《新唐书·吐蕃传》对吐蕃的环境有这样的描述："吐蕃居寒露之野，物产寡薄。乌海之阴，盛夏积雪，暑毲冬裘。随水草以牧，寒则城处，施庐帐。"

28

吃。而且他们主要吃牛羊肉、茶。过去西藏地区很少有蔬菜，我20世纪90年代初进来，当时菜比肉贵。不像现在在城市里，蔬菜已经极大丰富。过去人们主要靠茶、酥油、牛羊肉、糌粑这几种。牧区的人除了牛羊肉还要吃糌粑，农区需要酥油和牛羊肉，所以藏族文化还有一个重要特点，就是农、牧之间的相互依存、相互结合。过去藏北同拉萨、山南之间存在传统的"盐粮交换"，主要就是牧区用盐、畜产品来交换农区的粮食，这就使牧区和农区结成一种相互依存的关系。所以农、牧的结合是藏族文化非常重要的特点。一般说，在青藏高原没有纯粹的农区，但是有纯粹的牧区，牧区为了解决粮食的问题，就形成了交换。农区和牧区产品的交换几千年都在进行，今天也是这样。从住来看，农区是石砌、平顶，房屋较高大；牧区因为很冷，风大，所以用很厚的土坯墙，房屋低矮，较抗风。青藏高原的行过去主要靠牦牛，过河是牛皮筏子，都和高原的生态环境相适应。大家可能注意到，藏传佛教不禁止肉食，大多数佛教徒都吃素，但藏传佛教徒不吃素。在高海拔和高寒的环境，人的热量消耗很大，在这个地方如果没有高热量的食物是很难生存的。我在台湾看到一个材料，说西藏的高僧活佛到印度后，接触到了其他一些宗教领袖，见他们都吃素，于是也尝试着吃素，吃了一段时间的素，结果大病一场。原因是他们的体质已经适应了高海拔环境，突然改变饮食结构就会带来很大的麻烦。牦牛是体现高原适应的一个例子，青藏高原牧区对牦牛的依赖到了非常密切的程度，所以拉萨城内的牦牛雕塑被称为"高原之宝"，有的把它称为"高原之魂"。藏语中称牦牛为"ནོར"，就是"宝贝"的意思。牦牛是高海拔地区的

29

一种生物品种，它在夏季的活动地域可以达到海拔5000到6000米，直抵雪线之下。它对高原环境的适应力无与伦比，它耐寒、耐饥、耐渴，而且是高原上最好的交通工具，牦牛也是藏族在高海拔地区赖以生存的重要生物基础。我们可以看到在高海拔的牧区，特别是4000米以上的区域，牧民们的衣、食、住、行几乎无不和牦牛有关。人们吃的是牦牛奶制的酥油、牦牛的肉，住的是牦牛毛编织的帐篷，行也是靠牦牛，盛物的口袋、绳子都是牦牛皮制成，煮食和取暖靠的是牦牛的粪。人们依靠牦牛在那个地方形成一个完整的自然循环，牧草滋养牦牛，人又依赖于牦牛来生存。这是非常自然的一个循环。在农区，牦牛也是耕地能手。所以从青藏高原牧区，也包括农区，藏族人生活对于牦牛的依赖程度，可以看到他们为了适应高原，同某些物种建立起非常密切的依存关系。离开这个物种，几乎很难在那里生存。所以从牦牛这样一个坚韧顽强的生物品种可以体会到藏族人在高海拔地区为什么能够创造出一套独特的生存方式。中国古人提出"天人合一"这一观念，这是古代华夏地区人们追求的一种境界。但是，我认为在我们中华文化里，藏族文化是最天人合一的，因为在海拔高度已接近人的生命极限的地方，人必须和自然之间有一种很亲密的关系才能在这里生存下去。

藏族分布的地区存在比较大的地域差异。藏族分布地区传统上分为三个板块，即卫藏、安多和康巴。它们既是三大方言区，也是三个不同的人文地理单元。这种地域差异给藏族文化带来了丰富性和复杂性。在藏文史籍里面很早就形成这样一种说法：卫藏是法区，其特色是宗教，所以拉萨被称为圣地，其他地区的朝圣者都要到这里来，它是一个宗教的中心；安多是马区，也就是说安多的特色是马，是牧业；康巴这个区域是人区。[①]藏族谚语里面还称卫藏人热心宗教，康巴人好斗，安多人会做生意，这些说法都反映了藏族文化的区域差异。在20世纪上半叶有几个德国人类学家，他们对藏族做了60多例体质测量，根据测量的结果，他们把藏族人分为两种类型：一种是藏A型，以卫藏为中心，主要是短头型、面孔宽、身材较矮，他们也把藏A型称作"僧侣型"；另外一种是藏B型，又称为"武士型"，主要在安多和康巴这一带，是长头型、面孔相对较窄、身材高大。[②]所以，三个区域在体质特征上也存在一些差异。卫藏因为地处一江两河（指雅鲁藏布江和年楚河、拉萨河），非常富庶，几千年来都是高原农业的高产区，所以在人的体质特征上和其他牧区相比就具有了不同的特点。

三、从高原环境认识藏族的宗教信仰和价值观

藏族社会大体可分为两个发展阶段，在吐蕃时期，是一个王权社会，王权至上。吐蕃时期传了10代赞普，在吐蕃之前也传了31代赞普，[③]那个社会里面是王权高于一切。但是在公元10世纪

[①] 达仓宗巴·班觉桑布：《汉藏史集》，陈庆英译，西藏族人民出版社，1986，第170—171页。
[②] 古瑟普·詹纳、杨元芳、陈宗祥：《西藏拉萨出土的古人类遗骸》，《中国藏学》1990年第4期。
[③] 《敦煌本吐蕃历史文书》，王尧、陈践译注，民族出版社，1992，第174—175页。

以后一直到民主改革以前，西藏的社会主要是宗教性的社会。为什么说它是宗教性的社会呢？因为在公元10世纪到民主改革前这个阶段，宗教组织是最基本的社会组织。元代的时候，阔端派了他手下的一个大将多达那波率军入藏，蒙古人很相信自己的铁骑，所向披靡的蒙古军队征服了欧亚大陆，所以对征服西藏也很自信，他就派了他的将军和军队打进来，进来之后发现这个地方地旷人稀，除了寺庙没什么东西，蒙古人意识到，要用军事征服的手段征服这个地方的价值不大，必须改变策略，所以他退了出去。说明宗教组织是一种基本的社会组织，宗教也是社会的主要凝聚力之一。藏族社会的发展情况和内地很不一样，内地是靠中央集权的政权把非常广大的区域和人民凝聚起来。青藏高原地旷人稀，它是靠宗教来凝聚，而且政治上形成了政教合一模式，也就是说从公元10世纪以后，西藏所有地方政权都是以某一教派为依托和载体来产生。藏传佛教是藏族的主要信仰体系，他由两个信仰体系糅合而成：一个是西藏自治区及周边藏族聚居区本土的信仰体系，就是苯教；另一个是从印度和中原两个主要方向传入的佛教。《土观宗教源流》中对佛教与苯教的关系有这样的阐释，叫"佛中参苯，苯中亦杂佛"[①]。所以，我们可以这样来理解，藏传佛教是充分吸收了西藏自治区及周边藏族聚居区本土的信仰、文化和很多因素而形成的佛教体系，而且是用藏语文来传播。如果更简明地理解，可以认为藏传佛教是一种"藏"化了的佛教，

---

① 土观·罗桑却季尼玛：《土观宗派源流》，刘立千译注，西藏人民出版社，1984，第199页。

或者说是本土化的佛教。

如果把藏传佛教放在一个较大的范围里看,他主要有这么几个特点。第一,是形成了活佛转世,这是它的一个特色。除了达赖、班禅,还有很多活佛转世的系统,这在其他宗教里面是没有的,只有藏传佛教有。第二,就是密教的特点。佛教认为人要成佛有两种途径:一种是学习佛教的经典,皓首穷经,通过对经典透彻的理解和感悟成佛,这个途径叫"显";还有一个途径叫"密",认为释迦牟尼的法身遗留了奥秘大法,也称为"真言"或称"金刚乘",念诵此真言,用身、口、意把这个真言融合起来而且不断地修持,人也可以得道成佛,这就是"密"。藏传佛教各教派都有密教的特点。在唐代,密教曾通过西藏、中原一直传到日本。密教在藏传佛教里保留最完整,日本的佛教中也有保留一些密教的东西,称为东密,藏传佛教称为西密。另一个特点是藏传佛教形成了众多教派,教派中又形成很多支系,特别是噶举派,有"四大八小"的分支。①藏传佛教的各教派,我们内地的人很容易从自己的文化观对它作出理解,在藏文史籍里讲到一个事情:元代的时候,八思巴成为帝师,忽必烈很信任他,给了他一个建议说:"西藏那么多教派不太好管理,如果你愿意,我可以独尊萨迦派,把其他教派都取缔。"但是八思巴婉言谢绝,他说:"我们虽有不同教派,主要是传承不一样,对佛学原理的某些理解不一样,但是各教派的关系就如同一只手的不同手指,如

---

① 王森:《西藏佛教发展史略》,中国社会科学出版社,1987,第101页。

果去掉任何一个手指，都会对手造成伤害。"① 所以藏传佛教的教派不像有些宗教教派那样水火不容，它不是这样，除了传承不一样，彼此在横向都有许多交流。如宗喀巴在创立黄教时，就曾师从各教派的高僧学习各个教派之长，然后创立格鲁派。另一个特点就是基层社区是以寺院为中心来形成的，这和世俗社会也不太一样。苯教是西藏自治区及周边藏族聚居区最古老的自然宗教，也称为民间宗教，它的一个特点是"万物有灵"。藏文史籍记载从第一代藏王聂赤赞普一直到松赞干布之前，都是以苯教治国。② 苯教的发展分三个阶段：一是最早存在于西藏自治区及周边藏族聚居区本土的各种原始宗教，称"笃苯"；二是从象雄时代起汲取了很多外来因素特别是湿婆教因素而逐渐系统化的苯教，叫"伽苯"；三是佛教传入后吸收了很多佛教因素而形成的苯教，称为"觉苯"，也就是今天的寺院苯教。③ 现在西藏自治区及周边藏族聚居区还有很多苯教寺院，这些苯教寺院都吸收了佛教的很多东西。同时，佛教也吸收了苯教的很多东西，如嘛呢堆、经幡、神山圣湖的信仰、万物有灵，这些都源于苯教。存在于民间的许

---

① 达仓宗巴·班觉桑布：《汉藏史集》，陈庆英译，西藏人民出版社，1986，第85页。
② 佛教正式传入吐蕃是在松赞干布时期。但藏文史籍普遍记载，从聂赤赞普到拉脱脱日年赞以前的二十七代赞普均以苯教治国。其实，这是后来出于尊崇佛教而产生的说法。原因是在拉脱脱日年赞时期已有佛经和其他佛物传入，但因当时"无人能了解此等经义"，这些佛经和其他佛物并未发生实际效用。参见达仓宗巴·班觉桑布：《汉藏史集》，陈庆英译，西藏人民出版社，1986，第85页；五世达赖喇嘛：《西藏王臣记》，刘立千译注，民族出版社，2000，第148页。
③ 土观·罗桑却季尼玛：《土观宗派源流》，刘立千译注，西藏人民出版社，1984，第194—195页。

多自然信仰也属于苯教。

我们要反过来思考一个问题，藏族社会为什么会成为一个全民信教的宗教性社会，这个问题关系到我们怎么认识藏传佛教的社会功能和作用。藏传佛教是和苯教、本土的文化信仰充分糅合之后形成的一个新的信仰体系，这一信仰体系有两个最突出作用。第一是减少了人口增殖。在过去传统社会中，藏族家庭中有两兄弟必有一个到寺院出家为僧，有三兄弟者必须有两人出家，这产生的结果就是人口的繁衍大幅度下降。这个方面，藏学界已经有很多研究，大家形成一种共识，藏族的人口在很多阶段都非常少，民主改革前藏族人口大概百万，这以后，特别是改革开放后由于物质生活的富裕才有了根本的改变。藏族传统社会人口增殖一直维持在很低的水平上，为什么这样？其实和藏传佛教的关系非常大，其目的是使人口数量能够和高原脆弱的生态环境相匹配。过去在生产力比较低下的情况下，青藏高原人口如果过量增加的话会带来灾难性的结果，实际上这是通过文化机制来达到人和自然的一种平衡。第二，藏传佛教的另一个作用就是减少了人的物质欲望。我们知道吐蕃王朝时期是青藏高原最强盛的时期，吐蕃王朝基本上把整个青藏高原都占下来了而且强盛无比。但是吐蕃王朝从开始一直到结束，将近两百年的时间始终不断向外扩张，一个重要的目就是从周边掠夺财富。只有从周边获得大量财富，才能够维持一个强盛的王朝。但是我们可以想象，如果吐蕃王朝要一直持续下去是非常危险的。首先它不可能一直持续向周边掠夺，其次持续向外扩张掠夺可能招致周边文明的毁灭性打击。所以青藏高原这个区域要以一个世俗化社会追求财富、追求强盛的目标来长期持续发展,不具有可能性。物产寡薄,生态非常脆弱,地旷人稀,在这样的环境里人的欲望一定要得到控制。最后是靠什么来控制?在吐蕃王朝灭亡之后,是靠藏传佛教。因为佛教是重来世、轻现世,重信仰、轻物质,所以上千年来使人的物质欲望、生活状态和高原环境相匹配。在高原牧区很多地方,如果按货币价值来衡量,一户人有几十上百头牦牛,数百头羊,再加上挖虫草的收入,他们可以算得上很富裕。但是,他们的生活方式很简单,要在当地生存,只能过那种传统的、简单的生活。我们可以想象一下,人要在海拔4000多米且地旷人稀的区域生存,如果他满脑子向往的都是物质享受、功名利禄,对物质的欲望很强,那么他就不可能在那里生存下来,只有逃离那个地方才可能实现这些愿望。所以一旦要在那个地方待下来,就只能按照那个地方的传统方式来生活,而且必须有信仰。因为人在那里生存本身就是一个奇迹,必须要有信仰来作为生活的支撑。所以减少人的欲望是藏传佛教非常重要的社会功能,它使藏族在不太适宜人类生存的高海拔地区生生不息,把他们的文明延续下来,这是一种生存的智慧和生存策略。

藏族社会能凝聚成一个整体也依靠藏传佛教。在川西高原一带,过去有很多不同的民族,这些民族先是被吐蕃征服,后来大多信奉了藏传佛教,由于藏传佛教是靠藏文来传播,佛经等都是藏文,所以随着藏传佛教的传播,藏文化圈也不断扩大,藏族在青藏高原整体的凝聚正是通过藏传佛教来完成的。还有一点就是学术界有人将西藏传统社会特点总结为"大宗教、小政府"。20世纪上半叶,西藏地方噶厦政府的人员也就300至500人,才三五百人的官员体系管理这么大的地域，可见政府是一个小政府，一个低成本的政府。而且派到各个宗的也就几个官员，人也不多，原因在于寺院成为一个重要的社会控制系统。

藏传佛教还有一个作用就是成为道德约束力量，所有宗教都是一个道德体系，让人们自觉地遵守一些行为规范和礼仪。有些社会因为不是全民信教，所以政府需要不断作一些道德方面的提倡，来弥补道德的缺失和教育的不足。一个正常社会是需要道德来维系的。

在藏族的信仰体系中，还有一个非常重要的观念，这就是对人与自然关系的看法，这是藏文化中非常独特的一个东西。在藏文化中，特别是民间的信仰体系中，对自然的敬畏和尊崇十分突出，给人很深刻的印象，这是藏族文化观念里面一个非常核心的内容，这同样也是适应青藏高原特殊而脆弱的生态环境的一种策略。藏族人不杀生的，这是他们的一种观念。这种观念包含了对人和自然关系的一种独特理解。在藏族人眼里，大部分的山都是神山，大部分的湖都是神湖。我在川西高原做调查时发现，神山信仰是一个庞大的体系，比如小一点的山，如村庄附近的山可能是一户或几户人的神山，大一点山就是更大区域的神山，而那些高耸入云、终年积雪不化的山往往是整个更大区域的神山。神山信仰非常古老，可能是青藏高原地区最古老的一个信仰体系。最初，居住在一定区域的人们因共同敬奉某一座神山而产生相互的认同，从而也共同享有神山周围的资源，并把不信仰神山的人排斥在外。这可能是神山信仰最古老的功能。从今天世界范围来看，藏族对神山、圣湖的信仰与崇拜可以说绝无仅有。特别是现代文明如此发达的今天，藏族仍然保留了叩着长头转神山、圣湖的习俗，这可以说是代表了当今人类自然膜拜的一种极致。为什么青藏高原的藏族对自然会产生这样一种极致的崇拜？我认为，这种对自然的高度敬畏和尊崇，是藏族人祖祖辈辈在青藏高原这个人类极限地区生活所积淀下来的一种文化经验。一些不了解藏文化的旅游者可能会从"愚昧、迷信、落后"来理解这种现象，不明白这是一种很高的智慧。在那么脆弱的环境下，人一定要和自然环境之间保持一种高度的协调，对自然的敬畏和尊崇正是为了达成这样的协调。所以，藏文化里对人和自然关系的看法，蕴含着对青藏高原地理及生态环境的一种独特理解和认识。改革开放以来，内地的经济大潮不断波及青藏高原地区，特别是开矿引发一些风波，当地老百姓说那是我们的神山，不能动，开矿给青藏高原生态环境带来破坏，特别是牧区，一是造成草原上地下水位下降，二是草皮一旦毁掉就再也长不起来。可喜的是，十八大以来中央已采取措施，制止了在青藏高原地区随意开矿破坏生态环境的做法。1998年长江上游天然林禁伐之前，四川的甘孜藏族自治州、阿坝藏族羌族自治州砍了很多树木，那些原始森林一旦砍掉就再也恢复不起来，随便你怎么种植。现在人们终于意识到那是长江上游一个重要的生态屏障。一旦把树木、植物破坏掉，今后对整个长江下游将是灾难性的后果。藏族是用千百年积淀下来的文化经验和智慧保护着青藏高原的生态环境。

最近[①]召开的中央民族工作会议，概括了我国民族地区的

[①] 此处提及的中央民族工作会议召开于2014年9月。——编者注

四个共性特征,即"生态屏障区""水系源头区""文化特色区""资源富集区"。这是非常准确的界定与定位。可以说,青藏高原作为一个民族地区,在前三点上尤为典型和突出。青藏高原号称"中华水塔",有数千年来孕育和滋养中华文明的最重要的两条母亲河——长江、黄河。长江上游最重要的四条河流都从这里发源。三江源现在成为那么大一个保护区,就是因为人们越来越意识到过去被我们忽视的那些看似不重要的东西,今后对于我们的子孙后代可能是最重要的。水、空气将是未来我们赖以生存的最根本的东西。藏族用他们的文化智慧,用他们的信仰把这些东西很好地保护下来。

四、关于藏族的文化性格

如果要归纳藏文化的特点,我觉得有两个基本特点:一个是高原地域特点,一个是宗教文化特点。这是藏族最突出的两个特点。我说的这个情况可能在广大农牧区体现得更充分。当前西藏自治区及周边藏族聚居区出现了一个很大变化,就是城乡的两极分化加大。城市发展变化很快,文化变化大,但就广大农牧区来说,基本的价值观仍然得以保留。第一个就是轻物质、重信仰。藏族的文化性格里,虔诚、执着、坚韧、约己这些品格,都和信仰有关,是信仰所铸就的。我曾在四川最大的牧区县石渠的色须寺看到过一个情景,我们进去的时候活佛刚刚出现,很多信众那种虔诚的目光着实让人震撼,在城市社会中很少看到那样的目光。因为藏传佛教信仰使人们重来世、轻现世,所以藏族的文化性格非常能够忍辱负重，很能吃苦，当然这也造成他们的财富观念相对于其他民族来说要淡薄。藏族人有一点和汉人很不一样，就是不太重积蓄。我们内地的人一有钱就积蓄起来，过去的很多地主、财主都是靠省吃俭用积蓄出来的，今天我们通常也把省下的钱都积蓄起来存到银行里。但藏族不是这样，他们把多余的东西要么分享给周围的人，要么供奉给寺庙。我曾和藏族著名学者西藏社科院的巴桑旺堆先生谈过这个问题，他用了一个很准确的词，说藏族是"刚够就好"。比如过去乞丐去乞讨，只要上午乞讨够一天所用，下午他就不去了，他会去从事他自己的活动，比如去甜茶馆。所以藏族人的商业观念也相对淡薄。我前年到松潘去，去黄龙、九寨沟都要经过松潘一带，松潘那个地方很有意思，三分之二是藏族，其余的是汉族和回族。过去主要是回族经商，后来因为旅游发展，利益蛋糕越来越大，汉人和回族都经商。现在这个"蛋糕"更大了之后，藏族人也开始经商，但他们的经商能力远远不如回族和汉族，在这个背景下，藏族与回、汉之间的矛盾就增加了。藏族的文化性格——文化性格类似我们过去说的"国民性"，是由整体文化带给一个民族的共同性格——我觉得大体有这么一些：佛教让人向善（大多数宗教都教人向善），由于藏族佛教信仰很深，因此向善也成为藏族的文化性格。传统上安多和康巴等区域的人都要去拉萨朝圣，能到拉萨朝圣是僧人和信众一生的理想和向往，但是过去朝圣带不了多少东西，就背一小袋糌粑，带点酥油，途中的生存主要靠化缘，朝圣者经过沿途的村庄，家家户户都会拿出东西来接济他，这是一个传统，所以行善是一个基本的东西。

由于长期信仰佛教，我认为，藏族整体上性格比较温和，比较忍辱负重，也比较宽容。另一点就是遵守规则。前一段时间看到一个报道，说一个藏族老年人组成的旅游团到北京参观，导游先带他们到了预订的宾馆，但那个宾馆说情况有变无法安排，把他们转到另一个比较远的宾馆，这些藏族老人刚刚到达那个宾馆，原来预订的宾馆又突然通知说可以安排他们了，于是导游又领着他们回到最初预订的宾馆，整个过程折腾了不少时间，这些藏族老人把行李搬下搬上，非常安静，非常听话，没有任何人发出怨言和表现不满，这让导游异常吃惊，因为这种情况是她带团经历中从未有过的，不由得对这些藏族老人的宽容大度肃然起敬。其实这种善解人意、温和、宽厚、遵守规则，都与他们的佛教信仰有关。

　　藏族的文化性格中还有一个特点就是神性思维，我认为这是藏族很重要的一个特点。1991年我来拉萨开一个藏学会，会后组织到拉萨附近的堆龙德庆县参观，在村子里我看到家家户户都挂领袖像。毛主席在世时，西藏很多老百姓特别是翻身农奴还普遍把毛主席视为观世音菩萨的转世等。藏族人看很多东西是用一种神性的思维，不是世俗的思维。

　　敬畏自然和善待动物也是藏文化里非常突出的特点。20世纪90年代初期我来拉萨的时候，遍街都是狗，因为狗是藏族人生活里最亲近的动物，他们从来不杀狗，不吃狗肉，所以狗就自然繁殖，到处都是，这是善待动物。藏族有句谚语："把你好的东西布施给水里和地上的动物。"这是不求功利的，就是说我们要善待动物。还有就是藏族是很乐观豁达、幽默开朗的。我发现一个现象，我曾经问过四川大学华西医学中心从事心理学的专家，他说藏族吸毒的很少，在西南的某些民族中，贩毒、吸毒已经成为很严重的社会问题。但是由于信藏传佛教，西藏自治区及周边藏族聚居区基本上没有出现吸毒的问题。藏族中产生心理问题的比较少，特别是和内地相比较就更显得少，因为比较乐观豁达。在那么一个高海拔的地区生活，一定有一个很乐观、很开朗的心态。另外藏族文化很尊重老师，因为过去佛教的传承，首先要拜上师，密宗的传承也一定要拜上师，不是大家坐在一起公开讲课，而是上师考察跟随自己多年的弟子，觉得你可以了，才将佛法传授给你。尊师是藏族优良的传统。我接触过不少藏族的精英人士，他们中一些人已做了很重要的大学的校长，我去过他们的家乡，也到过他们的老屋，你很难想象他们的家乡是在那么大的山沟里，交通那么封闭，而他出来之后竟然能够发展得那么优秀。我一直在想这个问题，一定是厚重的文化和高原环境给了他们很多滋养。我们读藏文史籍就发现一个现象，就是它的叙述可能比较忽略时间、地点，但是那个故事本身一定会非常生动。我觉得很多藏族高僧大德的思维都有一种童心在里面，是一种很彻底的单纯。

藏族文化博大精深，20世纪90年代我们带着日本早稻田大学的一个研究团队到了一个村子，他们选择最传统的一个家庭，包括他们的房屋可能都是上百年的房屋，然后他们几个人就把房屋完整地测量然后把它绘制出来，第二就是把四季的农事全部详细地记录下来，第三就是把他们的婚丧嫁娶包括纪年详细记录下来，他们想保留这个微观的文化。这是一个很高明的团队，我们和他们合作了几年。有一次我们带他们在岷江上游跑了很多羌寨地方,后来来到了米亚罗,他们一走进一个很普通的藏族家庭里,看到金碧辉煌的客厅,那个教授就非常感慨,他说我们一进来就感觉到藏族的文化确实是令人敬畏的,当然他主要是从宗教的这个角度来说。我觉得这个民族,特别是产生了藏文《大藏经》,很了不起,《丹珠尔》《甘珠尔》里蕴含了丰富的文化智慧,我认为藏族的文化是需要我们一点一滴逐步深入地体会和认识的。这个民族其实是很温和、很单纯、很容易亲近的。我有一个女学生,很多年以前她们几个女生一起到康定县的塔公乡,在草原的边上,那个地方都是康巴汉子,头上挂着红头绳,看着体格非常高大,但是她们一接近就发现那些人其实很好打交道,你问他什么他都很热情地回答,而且乐于助人。他们不像表面上看着有一定距离,如果你没和他们接触看着好像会害怕,但其实他们是很单纯的民族。

当然,另一点就是文化实际上是动态的和变化的,变化是文化的常态,藏族文化特点和现代性之间也存在一些冲突和调适,特别是现在在西藏自治区及周边藏族聚居区,城乡二元体系非常明显,城市和农牧区的差距在不断地拉大,城市里一些不好的东西也传进来开始影响藏族,但是从民族的整体和文化来看,农牧区基本的价值观、信仰和高原适应的生活方式都保留了下来。我认为藏文化中有很多后现代的因素,"后现代"是针对现代的极度发展出现诸多弊端而产生的一种反思性思潮。如现代发展太注重技术,过于强调人类自我中心,对自然较为忽视,等等。后现代更强调人和自然之间的和谐,而这些东西在藏文化里都得到了很好的保存。2006年,《中国国家地理》的执行总编单之蔷让我给他们的栏目就藏族的宗教信仰写一段话,我写下了这样一段话:

> 在漫漫的朝圣路上,朝圣者的背影总给人以无尽的启示,……面对高原的艰难环境,信仰支撑了他们的生活,也托起了他们的希望。于是,虔诚、执着、坚韧、宽容成为他们生存的性格与力量,而宗教成为他们生活方式的重要组成部分。

这是我对藏族宗教信仰的一些理解。

最后谈一个问题,就是我们需要思考文化是什么。一般来说,不同民族就是不同的文化人群。那么,文化是什么?我们固然可以根据书本的定义简单说文化指生活方式和价值体系,但要真正理解什么是文化,却是需要体验与观察。文化通常由两个部分来构成,一个是生活的方式,一个是与之相对应的价值体系。一般说,前者是有形的,后者是无形的,前者是形而下,后者是形而上。其实,文化和环境的关系非常密切,什么样的自然环境产生什么样的生计方式,什么样的生计方式产生什么样的生活形态,什么样的生活形态就会有与之相对应的一套价值观念。所以文化说到底是一个民族的生存策略和智慧。美国学者哈维兰编的《文化人类学》(这是美国大学的人类学教材)给文化下了这样一个定义,我觉得非常精辟,他说:"文化基本上是确保一群人生活持久幸福的维持体系。"①就是说藏族之所以选择这样的生活方式和价值体系，是因为它们能够给藏族带来最大的幸福感。人类有各种不同的文化，但没有一种文化是不能与别的文化相互沟通的，所有文化之间都能够相互沟通。为什么？文化人类学对人类文化有四个基本判断：第一，文化相对，文化之间彼此没有高下之分；第二，伦理互通，在所有不同的文化中人类的基本伦理都是相通的，比如尊老爱幼、乐于助人等等；第三，历史特殊，每一个文化的发展历程和轨迹都不一样；第四，人性普同，②尽管文化不同，但人性是相同的，基于人性的人类伦理也是互通的。所以，所有的文化都可以相互沟通。这一点非常重要。人类数千年来的历史发展和进步，一个重要主题就是不同文化、不同文明之间的相互沟通，相互联系，相互交往、交流与交融。这也是人类文化不断发展、进步的基础。现在最新的分子生物技术从基因方面来研究人类的起源已经取得重大突破，结论是，今天地球人类的祖先是在15万—20万年前从东非大峡谷走出来，然后逐渐扩散于全球。也就是说，今天的地球人类只有一个共同的祖先。四川大学有一位非常有名的生物环境专家，在兰州大学做过副校长，曾在中国驻德国大使馆做过文化参赞，我曾向他请教人类起源的新观点能否成立，他给我举了一个例子。大熊猫这个生物品种非常古老，是恐龙时代就有的物种，今天主要在青藏高原东缘地带保留下来。但在喜马拉雅南麓的尼泊尔一带也存在很少量的

---

① 威廉·A. 哈维兰：《文化人类学》，瞿铁鹏、张钰译，上海社会科学院出版社，2006，第56页。
② 参见庄孔韶主编：《文化人类学通论》，山西教育出版社，2003，第73页。

大熊猫。生物学界做了一个试验，让青藏高原东缘和喜马拉雅南麓的大熊猫进行交配，发现二者已经不能繁衍后代了。本来是一个物种，但在青藏高原隆起后就分开了，现在交配已不能繁衍后代。但是今天的地球人类，不管什么肤色，什么人种，只要交配都能够繁衍后代。人类共同的历史不过15万—20万年，所以人性是普同的，人类的不同文化都是环境适应、社会适应的结果，是后来才发生分化的。尽管人们的文化不同，但人性相同。因此所有的文化之间都可以沟通。在当今世界，"文化冲突和多元共存"已成为一个主题，面对这样的主题，我们应该采取的就是正确的文化态度，不是以自我的文化为中心来评判和否定别人，不是妄自尊大，而是尊重异文化，认识和理解异文化，并从别的文化中学习长处来丰富自己。最后我想用费孝通先生有关人类如何来看待异文化的16个字来总结。费孝通先生这16个字是：

各美其美，美人之美，美美与共，和而不同。

"各美其美"，是说我们每一种文化都不能妄自菲薄，要以自己的文化为骄傲、为自豪，因为每一个文化都有自己独特的价值，都能给拥有这个文化的人带来幸福感，带来快乐，所以要"各美其美"。第一个"美"是动词，是说我们都要重视自己的文化。第二句"美人之美"，是说我们在"各美其美"的基础上要能够"美人之美"，能够在别人的文化里发现优点，发现我们自己文化中没有的那些好的东西，认识和学习别人的长处才能丰富和发展自己。"各美其美，美人之美"应是我们对于文化的基本态度，只有这样才能"美美与共，和而不同"。"和谐"的真正含义就是"和"而"不同"。《国语·郑语》中有句一话叫"和实生物，同则不继"。是说"和谐"则万物才能生长繁衍，"同"即强求一致则万物就不能发展延续。大家知道，世界上最美的声音是和声，"和声"是不同的声音按照规律协调后而发出来的，所以"和而不同"应该是文化发展的一个总体趋势。文化绝不会像经济一体化那样会越来越同质化，我们过去接受的观念认为民族会消亡，这不一定是正确的看法。我们今天在经济一体化的同时，每个国家、每个民族都在强调自己的传统文化，都在坚守自己的文化传统。当然文化是变化的，因为我们生存的世界在变。文化变化的策略是朝着对拥有该文化的人群有利的方向来变，因此，面对文化的变化，我们也应尊重各个民族的文化主体性。所以，凡是我们在工作、生活、学习上涉及不同民族、不同文化，我们要采取的正确态度就是"尊重差异，包容多样"，就是既"各美其美"，又能"美人之美"。不同民族、不同文化，只有采取"尊重差异，包容多样"的开放文化态度，才能增进民族情感和民族团结，才能在我们这样一个多民族国家中创造出民族和谐的局面。由于汉族是我国的主体民族，人数最多，大汉民族主义的倾向也总是在很多领域中或多或少地表现出来。因此，对于汉族来说，尤其要有"尊重差异，包容多样"的文化态度。

方言多样性与经济活力
——浙江经济的文化解读

"江浙""苏杭"已成联袂的概念,均是中国经济极具活力的地区。但"江浙"是一个笼统概念,若加以细分,江苏的地理环境相对优越,环太湖形成的太湖平原水道如织,是富庶的江南鱼米之乡,宋代已有"苏湖熟,天下足"的美誉。比较而言,浙江的地理环境则要逊色得多,除与江苏相连的浙北平原以外,境内70%是山地和丘陵,地形零碎,被民间谚语称为"七山一水二分田"。从历史来看,江苏主要属春秋时吴国地域,浙江则是越国范围,因二者后来都统一于楚,统称"吴越之地"。但实际上,江、浙之间的差异显而易见。这种差异既体现于地理环境,亦可追溯到吴、越的地域和人文差异。但今天两者有一点是共同的——均是中国经济领先和极具活力的地区。江苏GDP全国第二,浙江GDP全国第四。江苏人均GDP全国第一,浙江人均GDP全国第二。二者可谓旗鼓相当。江苏得天时、地利之

48

厚,成为中国经济领先和极具活力地区尚不难理解。问题是,为何地理条件较差且堪称"穷窘"的浙江却与江苏不相上下,仍成为中国经济领先和极具活力的省份?这是一个颇具内涵并值得探讨的问题。

关于浙江,有件事一直让我费解。浙江是经济极具活力的地区,浙商不但创造了中国经济的奇迹,浙江人均收入在全国排名居前,同时浙江又是方言保留最多、最复杂的地区。以极具开拓性和经济活力的温州为例,其方言就多达12种,且12种方言之间大多难以沟通。我有一学生是浙江南溪人,他当着我们的面用家乡话打电话,我们一句都听不懂,如同一门外语。让我纳闷的是,他竟来自经济发达地区。浙江保留如此之多方言的原因众说纷纭,无统一认识,但有一点着实让人称奇,如此众多的方言并未成为浙江经济发展的桎梏与束缚,恰好相反,一个方言如此众多、如此复杂的省份,却成为中国经济极具活力的地区。

语言包括方言,通常被认为只是交际工具和媒介。按这一逻辑,一个语言或方言多样化的地方,人际交往必定会受到制约从而成为经济发展的障碍。但在浙江,我们看到的情形是,一个方言如此繁多、复杂的地方,却恰恰成为经济领先和极具活力的地区。这似乎是一个不合常识的悖论。

不合常识的现象往往蕴含一些新的尚未被充分认识的内涵。美国学者科恩在《科学中的革命》中写道,科学史上一些影响人类命运的重大突破,无不始于有人对被视作天经地义、理所当然从而熟视无睹的"常识"产生了怀疑和挑战,并通过艰苦卓绝的努力证明其怀疑的正确性,从而开辟出人类认识上的一片新天地，如"日心说"对"地心说"的颠覆与否定等。那么，把语言或方言仅仅视为交际工具的传统认识，是否同样存在偏颇和局限？该问题颇值得作一讨论。

构成文化的核心要素通常有两个，一个是信仰，一个是语言。信仰决定价值观，语言则承载文化的信息，既是文化载体，也是文化的具体体现。方言是语言的支脉，属于亚文化，其形成与历史、地域环境、社会传统及人群组织状况密切相关。方言尽管是语言派生的支脉，但一种方言若由来已久且已达到让周围非该方言区的人群听不懂的程度，那么，该方言某种程度实已具有语言的功能——它不仅成为该方言所属地方社会与文化的一个边界，也承载了该地方社会及文化的所有信息。

现代汉语有七大方言区，使用最广泛、覆盖范围最大的是北方方言，即我们所说"官话"（或称"官方言"），大体包括晋方言区之外的整个北方地域以及西北、西南和江淮地区。除此之外，长江以南则有吴语、湘语、赣语、客家语、闽语和粤语6个方言区。浙江属于吴语区。吴语既是南方使用人数最多的方言，也是次方言异常发达的方言区，其中尤以浙江最为典型。浙江除北部太湖片的方言差异相对较小以外，浙江南部的金华、台州、温州、丽水、衢州等地均是次方言极发达的地区，因方言支系复杂，语言学家们只能笼统地划出台州片、金衢片、上丽片、处州片、瓯江片、宣州片等次方言区，但在这些片里面还包括若干小片，方言之间存在诸多差异。2015年，中国启动语言资源保护工程，浙江因方言多且杂，成为全国四个试点省市之一，确定了88个方言点，也意味着浙江有88种方言。除此之外，浙江还有一些使用群体极小的濒危方言,如宁波慈溪市的"燕话",衢州江山市的"廿八都正字"、丽水景宁县的"畲话",杭州"留下闽南话"、建德"九姓渔民方言"等。真可谓"十里不同音,五里不同俗"。浙江方言的复杂多样,由此可窥见一斑。

浙江方言及次方言如此复杂与多样的原因,我们姑且不论。但有意思且耐人寻味的是,这样一个方言及次方言异常复杂多样的地区,却成为经济遥遥领先并极具活力的地区。难道复杂多样的方言或次方言,丝毫不对人们的经济活动构成障碍?要回答这一问题,让我们来看一看今日浙江各地的产业:

杭州地区:电子商务、动漫、茶叶、丝绸、服装。

金华地区:永康:五金之乡;磐安:中药材集散基地;义乌:中国甚至世界最大的小商品集散地。产业的突出特点:小商品、五金、中药材。

宁波地区:余姚:灯具;宁海:皮革、文具、模具;象山:船舶修造和交易;慈溪:小家电、古旧家具集散地。产业的突出特点:灯具、文具、模具。

台州地区:临海:休闲用品礼品基地、眼镜;台州市区:制冷配件、家用电器、塑料日用品、缝纫机、轴承;玉环:压力锅、汽车零部件;温岭:水泵;仙居:工艺品、制药。产业的突出特点:家电、塑料制品、缝纫机、汽车、摩托车、眼镜、工艺品。

丽水地区:庆元:香菇;龙泉:宝剑、瓷器;云和:木制玩具。

舟山地区:海产品、船舶。

衢州地区:衢州市区:矿山机械制造、化工产品;江山:羽毛球、建材。

温州地区：温州市区：灯具、服装、打火机、剃须刀、鞋子；乐清：服装、电子元器件、模具；苍南：笔记本、文具盒；永嘉：拉链、纽扣。

嘉兴地区：桐乡：家纺布艺、蚕丝被、皮鞋、羊毛衫；海宁：轻纺、皮革；平湖：服装。

绍兴地区：绍兴市区：轻纺；上虞：雨伞；诸暨：袜业、五金、弹簧、衬衫、珍珠；嵊州：厨具、领带。

湖州地区：丝绸、童装、地板；长兴：蓄电池。

考察浙江的产业布局与产业结构，我们不难发现：与方言多样性相同，浙江的产业同样呈现了极大的多样性。也就是说，就多样性而言，浙江有两点是最突出的：一是方言的多样性，二是产业布局与产业结构的多样性。那么，一个很有趣且内涵丰富的问题是，两种多样性之间是否存在某种内在联系？

很显然，今日浙江各地所形成的彼此之间错落有致、互不冲突、各具特色并极具多样性的产业布局和选择，非出于政府主导和精心设计，亦非一蹴而就，而是在市场经济大潮中，浙江人不断瞄准中国乃至世界市场，凭借实干、敏锐与灵活，经历无数挫折，吸取失败和血的教训，不断根据市场供求及特点修正、调整形成的，是浙江人主观能动性同市场经济这只看不见的"上帝之手"密切互动、长期磨合的结果。过去，我对市场经济这只看不见的"上帝之手"有一个误解，认为市场经济就是"上帝之手"自然而然巧妙地安排一切，一切都水到渠成、自然天成，人们只需听从市场，一切交由市场决定，即万事大吉。其实，这是一个严重误解，决定市场经济的"上帝之手"，其实还是人。人对于市场需求、走向的判断，对产业和产品的选择，均须随时依市场变化进行调节、修正和灵活应对。市场经济给人的创造力、判断力和想象力提供了空间，也提出高要求和考验，激发人的主观能动性和潜能。浙江民营企业家能在改革开放40多年中创造经济奇迹，正是以其勤劳、不怕吃苦、善于动脑筋、坚韧执着又不失灵活等特点，在市场经济大潮中不断探索和实践，成功地应对和适应市场，最终形成切合自身特点并在行业领域独占鳌头的产业布局和产业结构。

有一个现象常为我们所忽视，即经济与文化之间往往存在密切的内在关联。经济活动是人的行为，人皆有文化属性，人的行为不可能不受其文化属性的支配。如浙江经济的特色是小、快、灵，而灵活、快捷恰是浙江人的特点。浙江人的灵活、快捷显然与其方言次方言的多样复杂有密切内在关联。现代科学的研究已确凿证明，人的语言能力与大脑的开发及其智力水平密切相关。而方言及次方言发达地区的人，除自己使用的次方言之外，通常还要掌握两种方言：一是次方言之上的主方言，这是他跨越次方言区域与人交往所必需；二是他必须掌握以北方官话为基础的普通话，这是他同更大范围即全国各地的人进行沟通交流的基础。所以，生活于次方言地区的人，不仅需要灵活掌握多种方言，且随时随地需要依据交往对象、场合在方言之间进行切换，故其语言及应变能力往往强于仅使用单一语言或方言的人。可见，语言能力强，可以提升大脑的应变力和灵活度。曾读到过一个材料，说上年纪的人预防阿尔茨海默病的方法是学习一种非母语。从此意义上说，浙江人普遍的敏捷、灵活与精细，应与方言和次方言的多样复杂存在密切关联。

浙江属古越之地,古代越人是一个极富多样性的人群系统,史称"百越"。"百越"大致有两个内涵:一是人群支系众多而复杂;二是语言与方言极具多样性,佶屈聱牙,被古代中原人称为"南蛮鴂舌"。到三国时代,史籍仍记"扬、越蛮夷多"。到南宋"衣冠南渡",即中原官僚士大夫大规模南迁江南,又为其注入了大量中原文明因素。在科举取士的国家制度下,浙江人的灵活、敏捷遂与科举制度下的读书传统日渐结合,造成宋、元、明、清时期当地人才辈出以及20世纪众多名人出自浙江的情形。其实,语言能力与读书均是开人心智之途径。以绍兴(古称会稽)为例,方圆几公里范围内即产生了20世纪影响中国社会的诸多名人,如周恩来、蔡元培、鲁迅等,这应与读书传统的盛行和方言多样性均有密切关系。

可以说,浙江经济的活力,很大程度上源于产业布局与结构的多样性。当然,一个地方的经济活力并非由单一因素决定,往往是多种因素交互作用的结果。严格说,浙江并非上帝的"宠儿"。为"七山一水二分田",即人多地少、资源匮乏所磨砺的浙江人勤劳,不怕吃苦,善于动脑筋,坚韧顽强,有开放的意识和眼光、敢于先行先试的胆识,等等,这些均促使浙江人善于化劣势为优势,并赋予浙江经济以强劲动力。浙江经济起飞始于改革开放和市场经济。从很大程度上说,市场经济这只"看不见的手"是变幻莫测、难以捉摸的,因此,适应市场经济的精髓在于灵活应变。作为中国民营经济的发轫之地与典范,浙江经济的最大特点是小、快、灵及与之相对应的产业多样性。而决定这一特点的，正是浙江人特有的敏捷、灵活和出色的应变和适应能力。浙江人之所以具有灵活敏捷及出色的应变、适应能力，显然与地域文化分不开，尤其是同浙江方言的复杂多样有密不可分的关系。事实上，决定经济发展的隐性和内在密码，恰恰在于文化。

"西出折多"有"燕尾"

2021年10月带几个学生到康定开学术会，会后临时决定去九龙县考察。由康定西行，两件事给我留下印象，一是在车水马龙、人头攒动的折多山垭口，一块屹立的巨石上刻着"西出折多"四个大字，这里是人们排队拍照的热门地点。"西出折多"唤起人们强烈的地理意识，带来一种莫名的兴奋，让人不禁联想到唐人"西出阳关"一类的诗句。二是翻越折多山一路下行，路边看到一幅震撼人心的标语——"此生必驾318"。这让途经此地的自驾者油然生出一种自豪、自得与庆幸，是一句很能提振自驾者的自信与兴奋的标语。

由康定西行，折多山和318国道都是可让自驾者兴奋的符号。到过康定的人，多对康定城中穿城而过奔腾喧嚣的折多河有深刻印象。康定城坐落于三座大山环抱的山谷之中：一是著名的跑马山，即蜚声中外的《康定情歌》中所唱"跑马溜溜的山"；二是颇有故事的"郭达山"；三是与跑马山对峙的大炮山。坐落于大山深处的康定原本应是一座安静小城，但穿城而过的折多河打破了小城的宁静。折多河从康定折多山发源，因山势陡峭，在折多山上还是涓涓细流，流到康定城时就变得喧嚣奔腾了。流速极快而喧闹的折多河自西向东穿城而过，给位于大山腹地的康定带来了生气和无尽的活力，成为康定这座西部边城一道独特风景。康定的夜景是最棒的，穿城而过的折多河两岸装饰着五彩缤纷极具现代感的彩灯，尽显边陲小城的现代与繁华。但充满野性、疾速奔涌的折多河却昼夜不息喧嚣，与五彩缤纷的现代霓虹灯形成鲜明对照，交相辉映，成为一道独特的风景。

折多山是由康定向西行经过的第一座大山。折多山垭口海拔4298米，与折多山的庞大和高耸比，康定只是折多山大山怀抱深处的一座小城。折多山不仅给康定城带来喧嚣，它的另一个意义还在于，它是地理的也是文化的界标。在康定人的话语中，有一个常挂在嘴边的词，叫"关内""关外"，二者的分界正是折多山垭口。折多山以东叫"关内"，以西则被称作"关外"。正因为如此，"西出折多"的真正含义是"出关"，即进入"关外"。"西出折多"之后，不仅进入了有高原反应的真正高原，且进入了藏族民众居住地区。

由康定西行翻越折多山的公路，是318国道。"此生必驾318"，指的正是这条起自上海东方广场，跨越上海、江苏、浙江、安徽、湖北、重庆、四川、西藏八个省区，终于西藏樟木口岸，全长5476公里的318国道。它是自东向西横跨中国的最长的一条公路。多年前，我曾陪同《中国国家地理》杂志主编单之蔷一行从成都出发西行考察318国道。《中国国家地理》杂志的编辑都是脑洞大开的人，单主编告诉我，他们发现一个有趣现象：中国最极品的旅游景点如黄山、太湖、杭州西湖、长江三峡、青城山、都江堰、九寨沟等主要分布在318国道沿线，318国道主要横贯中国北纬30度的地区。如何解释中国最极品的景点都集中分布于318沿线？没有现成答案。粗浅的解释也许同北纬30度是北半球最宜居的地理带有关。此现象也蕴含了旅游学上一个深刻问题：是人造就了景区，还是景区造就了人？单之蔷对这一现象有一个精妙的比喻：318国道犹如一根线，把最美的景区串联起来，变成了中国大地上一条美丽的项链。受他这句话的启迪，考察后我撰写一篇小文，取了这样的题目：《318国道：中国大地上的一条美丽项链》(《中国国家地理》2006年第10期)，颇能反映318国道的价值和特点。不过，318国道对旅游者尤其自驾旅游者的最大魅力，主要是起自雅安，自东向西横穿青藏高原的路段，一路上雪山、草原、森林、河谷、鲜花、牛羊变换不断，犹如在仙境般的画廊中穿行，这正是支撑"此生必驾318"这一标语内涵的理由。

"西出折多"后一路下坡，是去往新都桥的路段。新都桥被誉为"摄影天堂"。一位出生于康巴的藏族学者曾告诉我，他以为，改革开放以来甘孜藏族自治州最成功、最能聚集人气的旅游品牌，就是新都桥"摄影天堂"。这是很有见地的判断。但为什么这样，我未曾细想。我无数次来过新都桥，也曾在简陋的小旅馆下榻。搞摄影的朋友告诉我，当地光照条件好，尤其是晨曦和夕阳斜照之时，新都桥都是出"作品"的地方。不过，有一件事我很清楚，新都桥藏式民居有一个鲜明特色——藏式民居加一个汉式的坡屋顶。我们知道，传统的藏式民居建筑大多是平顶，这是高原上降雨量相对稀少而造成的一种"文化选择"。在平原地区，尤其是南方，因雨量多，常有瓢泼大雨，故多采用坡屋顶。但新都桥是海拔3000多米的高原，普遍采用坡屋顶，并不是雨量大，而是汉藏文化交流的结果。多年前，我从丹巴去马尔康，沿途溯大渡河上游的大金川而上，发现一个有趣现象，在丹巴和接近马尔康的地区，藏式民居多是平顶的，但在金川县一带藏式民居则大多是坡屋顶。当地藏族学者告诉我，这是文化交流的结果。清乾隆在平定金川之后，把大量外地移民迁入金川，移民带去了坡屋顶建房技术，于是当地藏式民居就多采用了坡屋顶的式样。这表明，文化尽管是人类适应自然的产物，但不同文化、不同文明之间的交流，同样是文化发展变化的重要动因。

人们常以新都桥的藏式民居加汉式坡屋顶来作为汉藏交流的典型案例，却很少关注当地汉式坡屋顶的具体形式和内容。其实，有两个事实一直被人们忽视，其一，藏式传统民居与汉式坡屋顶结合，并不只限于新都桥，在从新都桥向南一直延伸至九龙县的辽阔区域里，几乎都是这种建筑式样，覆盖区域相当大。其二，与藏式传统民居结合的汉式坡屋顶，并非普通的坡屋顶，而是非常典雅、传统并尽显美感的"燕尾式屋顶"。从新都桥向南行，沿泥鳅河驶向九龙方向，一路风光旖旎，沿途无论是藏式民居，还是藏传佛教的寺院建筑，都是红瓦屋顶、"燕尾翘脊"。这些翘脊飞檐红瓦坡屋顶，点缀在风光旖旎的青山绿水之间，特别耀眼夺目，给人一种难以言说的美感。

所谓"燕尾翘脊"，指坡屋顶的屋脊和四角均向上翻翘的屋顶形式，因上翘屋脊及四檐有如凌空欲飞的燕尾，故称作"燕尾翘脊"或"燕尾"。这是典型的起源于古代中原地区的房屋建筑样式。燕尾翘脊的使用，最早可能仅限于庙宇，庙宇是人们膜拜的地方，庙宇的燕尾翘脊体现着神圣的意涵。后来，"燕尾翘脊"逐渐成为地位、规格的象征。虽然史籍对"燕尾翘脊"房屋形成发展的脉络缺乏明确记载，但诸多民间传说却透露出端倪。闽南地区是燕尾翘脊建筑较发达地区，这也是闽南主要传统建筑风格。这主要同南北朝时期中原移民的大规模进入有关。当地关于燕尾翘脊房屋的产生，有这样一则传说，称唐代晋江烧炭村出了一个萧妃，享有"赐汝府皇宫起"的皇恩，于是出现了"妃子脊头"。传说表明，"燕尾翘脊"最初被称作"妃子脊头"，须得皇家恩赐方能修建。闽南地区和台湾民间也普遍认为，只有做官或中科举的人家，才能使用燕尾翘脊。做官和中科举的人家都是老百姓尊敬的对象，使用燕尾翘脊屋顶，以显示其与众不同。所以，在古代，燕尾翘脊屋顶的房屋式样可不是一般百姓所能建的，而是有功名、地位的人家才能使用的。

　　新都桥至九龙一带的燕尾翘脊的汉式坡屋顶，肯定是历史上以及近代特别是改革开放以来汉人移民大量进入以及汉藏文化交流日渐密切的产物。这种燕尾翘脊的汉式坡屋顶与当地传统藏式民居建筑的完美结合，颇具象征意义，它是民族交融背景下的一种创造，代表汉人移民同当地藏族之间以及汉藏文化之间的无缝连接与完美融合。

　　我们在甲根坝乡离开主干道，翻过一个能清楚看见青藏高原东部最高山海拔7556米的贡嘎山主峰的亚拉垭口，进入贡嘎山乡境内，这是一个远离公路且相对僻静的区域，但令我们惊讶的是，沿途所见的所有藏式民居，都是红瓦的燕尾翘脊的屋顶。这表明，在新都桥向九龙方向的广阔区域中，与藏式民居完美结合的红瓦燕尾翘脊的坡屋顶，是当地极普遍的民居式样。

燕尾翘脊的坡屋顶在新都桥至九龙一带的普遍流行，乃汉藏之间民族与文化交流交融的结果。此文化现象，有两点极耐人寻味，一是原中原地区代表功名、地位的建筑形式在青藏高原东缘边远的民族地区被发扬光大，大行其道，成为一种主流的建筑形式，这印证了一句古语"礼失求诸野"。历史上，很多古老的代表礼仪的文化，在中心地区已经逐渐消失了，却在边缘地区得到延续和弘扬。古往今来，这是一个普遍文化定律。

唐代刘禹锡有一句流传千年、让人耳熟能详的诗句："旧时王谢堂前燕，飞入寻常百姓家。"这是描写经魏晋南北朝时代变迁和王朝更迭，原来世家大族及其礼俗不断下移，遂为"寻常百姓"所用。这样的例子在我们的生活中比比皆是。例如，"九五之尊"的礼俗过去是皇家和世家大族专属，寻常百姓擅自使用这些礼俗，即是"僭越"，后果是很严重的，轻则治罪，重则杀头。但时代变迁和世事更迭中，礼崩乐坏总是无法避免。"旧时王谢堂前燕，飞入寻常百姓家"成为一种历史的轮回。我想，明清以来，因汉人移民大量进入和受汉文化影响而引入的这种象征功名与地位的燕尾翘脊房顶，在当地完全不存在僭越之说，这种风格典雅且颇具美感的燕尾翘脊房顶受到当地藏族民众的喜爱，他们纷纷仿效，久而久之，遂在当地形成传统藏式民居与燕尾翘脊房顶结合的一种新的建筑式样。

毫无疑问，分布于新都桥至九龙一带的藏式民居与燕尾翘脊坡屋顶结合的建筑式样，是汉藏民族文化交流的结晶。藏式民居与燕尾翘脊坡屋顶在当地之所以成为一种普遍的建筑风格，除了汉藏民族的交融与文化上的相互汲取，还有一个更重要的因素，这就是对美的追求。燕尾翘脊坡屋顶是一种极富美感的建筑形式，如燕尾般的翘脊飞檐屋顶，其优美的曲线，典雅活泼又尽显大气。美好的事物总是超越民族、超越文化的，也是最易于被人们接受并得到传播的。从这个意义上说，藏式民居与燕尾翘脊的汉式坡屋顶完美结合的建筑形式，是当地汉藏民众的一种共同的绝妙创造，这种创造充分凝聚和体现了汉藏民众共同的对美的追求，是汉藏民族"美美与共"的结果。今天，在青藏高原旅游日渐成为热点的当下，它既是汉藏民族与文化交往、交流、交融的见证，也是中华民族的文化瑰宝。其实，中华民族优秀传统文化之所以具有强大生命力，正在于每个民族都把她最好的东西贡献给了中华民族优秀传统文化，贡献给了中华民族这个大家庭。

茶在汉、藏之间

有一个现象十分有趣，古代各大文明以及各大洲之间的物质交流主要是奢侈品的交流，如香料、珠宝、烟草、茶叶、丝绸、瓷器、咖啡等等。这些物品对于人的生存来说，并不是必需的，但有了之后，却能提高品位，增添情趣，带来刺激，给人以享受，让生活变得有滋有味，不那么单调和枯燥，不那么仅仅局限于"生存"与"活着"的层面。从这一意义上说，古代各大文明及各大洲之间的物质交流颇有一些"精神"的意味。在古代各大文明的物质交流中，很少出现某文明或某地区基本生活资料，如粮食等缺乏，需要通过同其他文明的地区的交流来获得的情况。这种情况，即便存在也是极为罕见、极为暂时和个别的。

茶叶、丝绸、瓷器是中国贡献给世界的三大物品。从一定意义上说，三者皆是奢侈品。它们可以提高生活品位，却并非日常生活所必需。茶叶现已成为与咖啡、可可并列的具有兴奋、提神功能的世界三大饮品之一。围绕三者不仅形成世界性的产业链，而且在不同国家和地区也发展出了与之相关联的不同文化。

让人意想不到的是，像茶叶这样的小小饮品，历史上却在沟通和联系不同地区、不同生活方式以及不同文明之间发挥了极其重要的连接作用。其中，典型例子即延续千余年的汉藏茶马贸易。

陆羽《茶经》可证明，唐朝时中原地区饮茶之风已颇为兴盛。但让人想不到的是，饮茶习俗从中原地区传入吐蕃，却与佛教有密切联系。在唐代，中原地区佛教禅宗颇为盛行。僧人坐禅时为了避免打瞌睡，需借助某种提神醒脑之物。当时人们选择的提神醒脑之物，便是茶叶。唐时佛教主要是从中原和印度两个方向传入吐蕃的，从中原传入吐蕃的佛教以禅宗为主，于是，坐禅的辅助之物——茶叶也随之传入。所以，茶叶从中原地区传入吐蕃，乃以佛教为桥梁。在藏文史籍《汉藏史集》中有这样一段记述：

> 向那一面两臂、一手执宝剑一手执经函、双腿结跏趺坐、身姿威严、遍布珍宝的遍识一切之王文殊菩萨的塑像顶礼！然后写下这关于诸佛菩萨全都喜爱、高贵的大德尊者全都饮用、妙欲受用的甘露即茶叶的种类区分的文字。

这段记载充分说明，茶叶当时已成为藏族聚居区僧人"全都饮用、妙欲受用的甘露"。唐人李肇的《国史补》中还记载了一个故事：

> 常鲁公使西蕃，烹茶帐中，赞普问曰："此为何物？"鲁公曰："涤烦疗渴，所谓茶也。"赞普曰："我此亦有。"遂命出之。以指曰："此寿州者，此舒州者，此顾渚者，此蕲门者，此昌明者，此涅湖者。"

说明当时吐蕃赞普已拥有来自唐朝各地的名茶。常鲁公为唐德宗建中二年奉命入吐蕃议盟的唐朝监察御史，系真实历史人物，故此记载可视为真实史料。可以断定，在吐蕃后期特别是墀松德赞大力提倡佛教，佛教在吐蕃取得统治地位以后，茶显然已成为吐蕃僧人和赞普及贵族大臣的喜爱之物。8世纪末成书的《四部医典》中也有对茶的记载，记述了茶治疗热病的药用功能。从以上事实中，我们可大体明白，茶叶至少在唐时已传入吐蕃。但当时传入吐蕃的茶叶主要有三个用途：一是作为僧人禅修的提神醒脑之物；二是作为吐蕃赞普及贵族大臣的一种时尚与奢侈饮品；三是作为治疗热病的药物。

但到宋代，饮茶习俗在藏族聚居区逐渐兴起，开始从社会上层向民间普及，茶叶逐渐成为寻常百姓的日常生活品。这一转变引起了青藏高原地区对内地茶叶需要量的骤增。此时，恰逢宋朝因与辽、金、西夏之间战事频繁，急需战马，于是宋朝与藏族聚居区之间遂开启了"以茶易马"的大规模贸易。宋神宗时在雅安一带设"茶马司"，专门管理内地与藏族聚居区之间的茶马贸易。这造成了后世乃多将茶叶输藏的相关贸易活动及道路笼统称为"茶马贸易"和"茶马古道"。事实上，这并不十分准确。"以茶易马"的情况主要出现在宋代，明代有一点，但已大为减弱。而元、清两代则均以茶叶输藏为主,已基本不存在"以茶易马"的情况。所以,人们今天所说的汉藏"茶马贸易""茶马古道",已具有象征意义,主要内涵和意义是指千百年来茶叶由内地输藏,也指茶叶这一物品自宋代以来就成为历代中央政权与西藏地方及汉、藏民族之间的重要连接纽带。

有关汉藏茶马贸易与茶马古道,有两点特别需要强调:

其一,如果说饮茶在内地尚有很大程度的享受、时尚与奢侈意味,是提升人们生活品质的增光添彩之物,那么传入青藏高原地区的茶却走了一条完全不同的实用之路——茶日渐成为藏族人日常生活不可缺的必需品。原因是高原地区气候高寒,人们必须食用高热量食物如牛羊肉、酥油、青稞等才能维持体能。但高热量食物易生烦热,而茶恰好能消解体内之烦热。即所谓"腥肉之食,非茶不消,青稞之热,非茶不解"。故藏族人说"一日无茶则滞,三日无茶则病";"宁可三日无盐,不可一日无茶";"喝上一碗茶,可以翻三座大山"。这些均反映了茶已成为藏族人日常生活所不可或缺的物质之一。特别是酥油与茶结合而成的酥油茶成为藏族人日常生活饮品后,茶更成为藏族人日常生活的必需之物。所以,我们可以看到,茶叶传入后对于藏族人日常生活的重要性似乎要远大于茶叶产地。正因为如此,历史上的汉、藏之间茶马贸易也超越一般的商品贸易,而是与"政治"和"安边"相关联。诚如古人所言:"是山林草木之叶,而关国家大经。"[1]

其二,延续千余年的茶叶输藏是汉藏民族交流、交往中的一

---

[1] 陈元龙:《格致镜原》,上海古籍出版社,1992。

个壮举。历史上输藏的茶主要源自今四川雅安和滇西地区。从两地通往青藏高原的路要翻越崇山峻岭、渡过大江大河,穿过青藏高原东部著名的横断山脉地区,沿途道路极为艰险难行。千百年来,汉、藏民族以及参与其中的其他各族人民是靠着人背马驮、牦牛驮运,络绎不绝地往来于川、滇、藏毗邻地带的高山深谷之中,把产自内地的茶源源不断地运往青藏高原藏族聚居区。在现代交通工具出现以前,靠着人背马驮、翻山越岭向青藏高原藏族聚居区运送茶叶的景象持续了上千年,其中积淀着丰富的历史、厚重的文化以及无数生动的民族间交往的故事,实为一笔珍贵的历史遗产。这份厚重的历史遗产同样值得后人景仰、珍视、挖掘与研究。据闻,国家文物局已考虑将延续一千多年艰苦卓绝的茶叶输藏壮举及所遗留下来的"茶马古道"作为世界"线性文化遗产"列入我国的申报名录。

毫无疑问,汉、藏之间延续千余年的茶马贸易和茶马古道,内涵十分丰富,意义重大,是汉、藏民族关系一份珍贵而厚重的历史文化遗产。自改革开放以来,这份珍贵的历史文化遗产受到学术界和社会各界的广泛重视。

2002年,受作家马丽华女士的邀请,我参加了由西藏昌都地区、四川省甘孜藏族自治州和云南省迪庆藏族自治州联合组织发起的"茶马古道科学综合考察活动"。这是一次很盛大的活动,参加此次考察活动的有来自国内十余所科研机构和大学的人文社会科学及自然科学方面的专家学者,同时内地和香港的主要新闻媒体,如新华社、中央电视台、凤凰卫视、香港《大公报》、香港《中国旅游》、《中国国家地理》等也随队参与了考察和采访报道。此次考察活动分川藏、滇藏两路进行，两路在昌都会合后又分别从南、北两路抵达拉萨。我选择的是从川藏线入藏的考察。从成都坐车，经过川茶输藏重镇雅安，再一路西行，经过泸定、康定、新都桥，再向北，经道孚、炉霍、甘孜、德格到昌都，在昌都稍作休整后，又经类乌齐、巴青、丁青、索县到那曲，再经当雄至拉萨。沿途考察了许多与汉藏茶马贸易和茶马古道相关的遗址、遗迹，参观了不少寺院、村寨，并与沿线各地的藏族群众有许多交流与访谈。这次长距离考察对我触动很大，使我一方面对历史上的汉藏茶马贸易、茶马古道有了更深入的认识与理解，同时也让我深切体会到，来自汉地的小小茶叶与藏族聚居区的民众生活是多么息息相关，在他们的日常生活中占有多么不可或缺的位置。

茶叶在汉藏之间，有两点值得特别关注：

第一，茶叶在藏族人日常生活中的意义和重要性显然大于了茶叶生产和传入地区。其中的内涵，特别值得深入研究。

第二，由于自明代开始，茶叶开始成为藏族人日常生活不可缺的必需品，所以，茶叶输藏及由此形成的茶马古道，即成为汉、藏之间的一个重要连接纽带。这个纽带并不是单纯的经济纽带，其实也是政治的和文化的纽带。这个连接纽带所发挥的历史作用是综合的、立体的且持续不断的，这是中华民族形成过程中一份厚重的历史遗产，值得学术界从多学科、多角度开展深入的研究。

融通汉藏民心的"大先生"

中华民族是由56个民族组成的共同体,这是毋庸置疑的客观事实。中华民族共同体的维系与发展,无论古代或今天,首先基于各民族之间的相互需要。其实,民族间的相互需要,犹如社会中人与人之间的相互需要一样,是有血肉、充满烟火气且须臾不可或缺。民族之间的相互需要,大体可归纳为这样两个层次。第一,因差异和不同而造成的互相吸引和欣赏。我们常说"异性相吸"。其实,对差异性即与自己不同的人或新奇事物产生兴趣,为其所吸引,由感兴趣进而亲近,乃人的天性使然。有一年,我去广西考察,包了一辆车,七八天下来,一路上司机放的均是藏歌和蒙古歌。旅行快结束时我问他,你去过这两个地方吗,他说从没去过,我们问他为什么喜欢藏歌和蒙古歌曲,他的回答很简洁:"好听。"我想,这正是因差异和不同所造成的吸引和欣赏。近些年,民族地区旅游呈强劲的发展势头,很大程度有文化的因素——人们不仅希望看到不一样的风景,更希望感受、体验和欣赏不一样的民族文化的多姿多彩。这正是"异性相吸"在起作用。

不过，让中华民族紧密联结成一个整体的，还有一个更重要的因素，这就是各民族在日常生活等各个方面的相互需要。正如没有人可以孤立地不与他人发生关系而生活，构成中华民族共同体的56个民族，也没有一个民族是一座孤岛。任何民族的生存与发展，总与其他民族息息相关。因此，民族之间的相互需要，正是构成中华民族共同体的坚实基础。民族之间的交流、交往、交融，真正动力正来自民族间的相互需要。有一个事实十分重要，民族间基于相互需要而发生的交往交流交融，常常是有情感、有温度、充满人性的温暖和光辉。但令人遗憾的是，当前的相关研究，多局限于理论与概念层面，较少涉及有血有肉、有情感、有温度的民族交往。这是一个较大缺陷，主要是对民族交往中个案的研究相对匮乏、薄弱所致。为此，本文拟以一实地调查的个案为例，展示民族之间有血肉、有情感、有温度的民族交往，以使我们对中华民族具体怎样联结，有一个微观、生动的理解与认识。

去过康定，或从成都沿318国道向西旅行过的人，大多对天全这一地名不会陌生。天全，是位于成都之西邛崃山脉二郎山脚下的一座偏远县城。在雅康高速通车前，由成都经318国道去康定，这里是一个必经的歇脚点。由天全再往西，就是一路上山，翻越著名二郎山的公路。天全县城西面群山环绕，是川西盆地与青藏高原之间的一个交界处。

天全县过去叫"碉门"，曾是土司管辖的地方。至于为何叫

融通汉藏民心的"大先生"

"碉门",我没有查到。今天这里已见不到青藏高原特有的一种建筑——碉楼,但仍然是一道"门",是川西盆地通往青藏高原必经之"门"。

事情的起因是这样。我在成都一所高校任教,每周照例给一群博士生和硕士生上课。课间休息时常和同学们在走廊上交流聊天。一次课间休息时,一位几周没来上课的藏族博士生连连向我道歉,他说几周前突然接到家里电话,他父亲在西藏察隅老家修房时从房上摔下来,骨折,不能动弹,连夜送往天全中医院,他前去天全陪护了几周。我连说这是应该的,充分理解。但顺便问了一句:成都条件更好,离天全又近,为何不送成都?这一问,着实让我吃了一惊。好几位藏族学生纷纷告诉我,在整个青藏高原东部地区,包括甘孜州、阿坝州和昌都、迪庆等地,藏族民间有一个口耳相传、不成文的惯例——凡有骨伤病人均送天全中医院。原因大致有三:一是疗效好,二是收费低,三是服务周到。此情况我是第一次听闻,不禁追问:整个青藏高原东部藏族的骨伤病人均送天全中医院?几位藏族学生肯定地回答,千真万确,这是民间的口碑和传统。察隅学生还告诉我,察隅虽距天全一千多公里,但当地骨伤病人普遍都送天全。他父亲骨折后,家人毫不犹豫,连夜包车急送天全,路上开了一天一夜。这引起我浓厚兴趣,回到课堂,大家七嘴八舌继续讨论此事。在我的启发下,同学们开始围绕中华民族怎样联结以及各民族交往、交流、交融的途径、实践等角度来认识此事。讨论结果是,大家一致认为此事意义不凡且很典型。最后,我提议组成调查组前往天全中医院进行调查,得到同学们热烈响应。于是,初步确定以藏族患者就医为调查重点。经过筹备,调查小组由5位博士生和5名本科生组成,于2021年6月下旬对天全中医院进行了为期两天的调查。本文所述,均以实地调查材料为依据。

一、誉满青藏高原东部、吸引广大藏族骨伤患者的天全中医院

天全县城不大,常住人口仅5万余人。县城中规模最大、最宏伟、最现代的建筑就是"天全县中医医院"。但人们一般并不叫它的全名,而是亲切地称为"天全中医院"。天全中医院之所以成为整座县城中最宏伟、最现代的建筑,原因是该医院所接收患者覆盖的地域相当广阔,大体包括整个青藏高原东部地区、四川凉山彝族自治州、雅安地区、川西地区和云南迪庆,甚至还包括部分来自拉萨和西藏各地市州的患者。该医院的最大特点是接收藏族骨伤患者的比例极高,每年万人以上。

为什么一座偏远县城的中医医院会在青藏高原东部地区有如此大的影响力,能得到藏族群众如此广泛的认可和赞誉?上述那些地区,距离天全的路途十分遥远,交通并不便利,为什么患者却不辞辛劳,千里迢迢来天全这个僻远小县就医?这个问题引起我们极大兴趣。调查组成员对住院的藏族患者进行调查访谈。问题直截了当:"你为什么选择天全中医院?"根据对调查结果的归纳总结,藏族患者不怕路途遥远前来天全中医院就医的主要原因有三点。

1.收费低廉。患者大多为来自西藏自治区及青海、四川、甘

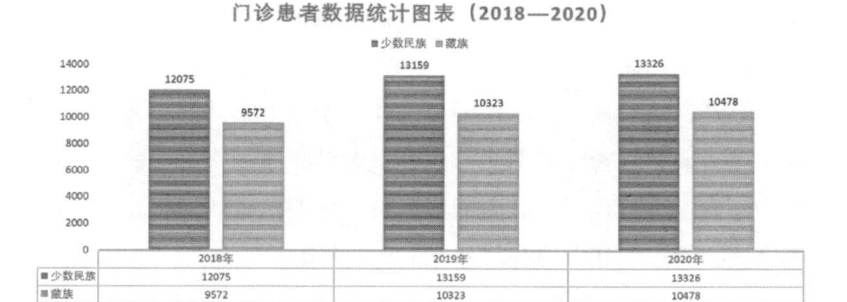

门诊患者数据统计图表（2018—2020）

	2018年	2019年	2020年
少数民族	12075	13159	13326
藏族	9572	10323	10478

住院患者数据统计图表(2018—2020)

	2018年	2019年	2020年
总住院人数	11116	12415	12327
少数民族	3026	3304	3169
藏族	2521	2731	2576

（图表数据由天全县中医医院提供）

肃、云南的普通农牧民，收入不高，相对贫困。天全中医院收费很低，这是最让他们满意和接受的一点。

2.医院技术好，见效快。

3.因口耳相传，天全中医院在青藏高原东部声名远播，有良好口碑。当地已形成一种传统，凡是骨伤病人，无论多远，多偏僻，均送天全中医院。很多藏族患者说，他们没有去过其他的医院，也没进行过比较，但是，他们对天全中医院治疗非常满意，

73

也非常信赖。一位来自理塘的大姐说，这里的医生、护士都非常好，就像家人一样，很亲切。说着眼圈微红，当为肺腑之言。

但是，问题是，为何在天全这样一个偏远小县城，会产生这样一座誉满整个青藏高原东部、吸引大量藏族骨伤患者前来就医的中医院？难道仅仅是收费低廉和技术好？笔者认为，原因肯定不会这么简单，其中必有某种传统和更深邃的内涵。

二、天全中医院的前世今生：行医是一种"善行"

天全中医院的前身是"陈氏骨科诊所"，而这个诊所又渊源于"陈氏骨科世家"。

陈氏先祖原籍湖北，清初随"湖广填四川"移民潮迁徙入川。最初做药材生意，在兵荒马乱、匪患频仍的年代，人们为求自保，多有习武的传统。陈氏家族也不例外，除经营药材生意之外，亦学武功。在此背景下，陈氏祖先遂独辟蹊径，开始了"学武功、融中医"的探索，将家传武学中"分筋错骨手法"用于中医正骨，接骨续筋，从而开创出独具特点且远近闻名的"陈氏骨科"。

在梳理陈氏骨科世家传承的资料中，笔者意外发现一个事实——在陈氏骨科世家的传承中，始终秉持一个基本理念，即行医是一种"善行"，绝不能把行医当一桩生意来做。清末，陈氏先人陈治策最初坐堂行医之时，就对穷人实行免费，只收富人诊金。

民国时，陈氏骨科传人陈寅七更以轻财重义、一心治病而享有盛誉。据记载：

> 时值地方动乱，匪风日嚣，百姓受扰，天全陈寅七以祖传疗伤方药竭心救治，治愈无数刀砍枪击所致开放性骨折、跌仆损伤的患者。更因轻财重义，一心治病，赢得了很好的声誉。①

20世纪50年代起，天全"陈氏骨科诊所"虽已誉满天全、芦山、宝兴、汉源、雅安、名山、石棉、泸定、康定一带，但始终坚持低廉收费，目的是要让患者看得起病。今天作为陈氏骨科传承人和掌门人的陈怀炯及兄弟数人，青少年时期均是在被歧视、失学、饥饿等重重磨难中度过，生活拮据而节俭，与普通人家的孩子没有两样。

改革开放初期，在市场经济大潮中，当地一些开业的私人诊所短短几年就积攒了巨额财富，但赫赫有名的"陈氏骨科诊所"却做出一个惊人之举。陈怀炯先生接手诊所后，随着患者数量成倍增加，1975年遂将陈氏中医骨伤诊所和陈氏独门骨伤诊疗手法无偿捐献给国家，建立了集体所有制的城关镇外科医院。1985年，又发展为全民所有制的公立医院——天全县中医医院。陈怀炯先生任院长。2003年，为满足广大患者的就医需求，在县政府大力支持下，医院建成了新院区，引入西医骨伤诊疗方式和西医手

---

① 陈若雷：《川派中医药名家系列丛书：陈怀炯》，中国中医药出版社，2018，第154页。

术、中医康养的中西医结合方式，并将骨科依据受伤部位进一步细化，形成今天拥有500多个床位、医疗团队达400人的三级乙等的现代化医院。

毫无疑问，除治疗骨伤的专业技术一流以外，天全中医院的最大特色是收费低廉，这也是其广受患者青睐与认同的重要原因。目前，医院虽已成为三级医院，但仍按二甲医院标准收费，甚至更低。长期保持门诊骨伤科1元挂号费，不设专家号；次均79.6元的门诊费用，低于乡镇医院；门诊换药不到10元；院内制剂质优、价廉，疗效确切，平均费用3—5元。医疗收费仅为省、市级同级医疗机构的1/3至2/3。天全中医院不仅保持低收费传统，每年对治疗后无力交费的患者让利和免费达60万元。同时对西药进价不加成，对中药只收成本。医院奉行的基本理念是"技术好、费用低、服务好"，医院特色是"简、便、廉、验"四个字。

天全中医院之所以收费低廉，一是根植于陈氏骨科世代相传、源远流长的一个基本理念——行医是一种"善行"，绝不是一桩生意，不能以谋利为目的；二是长期面对来自青藏高原东部各地的广大藏族患者，他们大多为普通农牧民，很多属于低收入人群。收费低廉很大程度正是为了保证他们能看得起病，能得到及时治疗。所以，天全中医院收费低廉其实首先是出于一种"善行"，饱含着对广大藏族患者的一片体恤与慈爱之心。这一点，我们在对藏族患者及陪护亲人的调查中感受颇深。医院书记说，医院自创办以来，始终秉承"让老百姓看得起病"的理念，所以一直奉行低收费的传统。

三、宽容、理解的服务让藏族患者备感亲切

访谈调查中，我们深切感受到一个事实，医院对于藏族患者在服务上饱含着理解和宽容，让他们感到特别温暖。

由于天全中医院就诊的藏族患者比例较高，许多患者来自偏远的农牧区，不能说汉语，在语言沟通上存在障碍。为解决这一问题，医院的医生、护士大多利用业余时间学一些简单的藏语，例如"疼不疼""向左，向右""你好""老家在什么地方"等。据医院高书记介绍，医院几乎所有人员都掌握了常用的藏语。访谈中，一位来自遥远牧区的藏族妇女对我们说："听到医生用藏语对我们说话，真的很暖心！"医护人员说藏语，不仅是为了沟通，更重要的是代表着医生、护士对藏族同胞一种平等相待和亲切友好的态度，拉近医院与藏族患者之间的距离，让其有宾至如归的亲切感。另外，在藏历新年和春节等重要节日，医院领导还会专程去病房慰问藏族患者和其他少数民族同胞。

鉴于住院的藏族多为普通农牧民，经济条件相对较差，也非常节约。医院规定，为陪护的亲人提供一床，每晚收费8元，两人15元，如果需要还可以再加。这样的陪床政策本已充分考虑了患者的经济承受力，但是住院藏族人一般都不请护工，都是一家人一起来，为节省陪护费就将就着睡病床，或者自带毡子，在走廊过道上睡，尽管违反规定，医院也均予以宽容和默许，只是让他们早上起来后把毡子收起来。采访中我们遇到一对年轻的藏族夫妻，带着他们两个孩子从石渠到天全给2岁的女儿看病（锁骨骨折）。为节省陪护开销，妈妈带两个小孩睡病床，爸爸用自

带的毡子睡地上。对此，医院均予默许，不收其陪床费用。隔壁的病房住着一位年轻藏族妈妈，独自带着受伤的小男孩（手部骨折），他们来自理塘，在家以挖虫草和采松茸为生。他们两家在住院过程中结下深厚友谊，时常互相帮助，如买饭、打开水等。采访中，她们均对医院的宽容、理解以及医护人员的友善和亲切服务心怀感激。很多全家都来的藏族同胞为了节约，大多数都是购买门口简单的快餐度日，也有在外租用炉灶自己做饭的病人家属。对此，医院也均予默许。医院也可以向患者租借小火炉，以适应病患的饮食习惯。

另一个让人暖心的举动是，医院的公共绿化草坪，本来是不允许践踏的，是供人观赏和美化环境。但由于文化习俗差异，在太阳好的时候，藏族同胞喜欢三三两两躺卧于草坪上，或席地而坐，享受阳光。原因是在他们家乡广袤的草原上，在草地上席地而坐是十分自然且习以为常的事。正因为如此，医院方面对此采取了默许和理解，不予以干涉。正如一位医生在访谈中告诉我们："坐草地是他们家乡的生活习惯，我们要尊重他们的习惯。"这样的变通与宽容，正是民族间相互理解、平等友爱的充分体现。医院的书记也说："医院的原则是，对待所有患者一视同仁，但同时还要尊重和包容少数民族同胞的风俗习惯。"

医院这些让人暖心的举措，在藏族患者及其陪护家人中产生了积极效果，营造出祥和友爱的氛围。在访谈中，我们时时感到藏族同胞的感激与热情，眼神里充满着善意和淳朴。有一个细节让人记忆深刻，当我们采访来自甘孜州石渠县的藏民一家时，因病房只有一张椅子，隔壁床位的一位藏族妇女把自己床下的凳子移到了我们这边，笑容腼腆却又是那样地真诚。一位藏族妇女带着七八岁的女儿住院，隔壁病房是一位雅安的汉族老人，女儿常来看她，两家人关系十分亲密，老妇人女儿来时常带着藏族小女孩玩，带来的水果也立即分享，汉藏融洽的氛围令人欣慰。

为化解医患之间因文化习俗、语言和观念差异带来的一些误会，医院还专门设置了"调解室"。调解室标牌写有汉文、藏文。不过，调解并不具有官方色彩，主要是民间性质，主持和参与调解的多是入院更早的藏族志愿者。例如，常参与调解的一位志愿者，是医院附近开"康复用品专卖店"的一位热心的藏族大姐。我们特地对她进行了访谈。大姐来自金沙江畔的德格县，她告诉我们："我是德格的藏族人，从小放牛放羊的。"在德格结婚后到成都做了几年藏餐生意，2008年来到天全。因在外地辗转、经商经历，她学会了汉语，加之性格外向，她成了医护口中的"翻译官"。在访谈的过程中，不断有电话来询问有关医院的事情。她说：

> 现在有西藏芒康的、拉萨的，这些地方的病人比较多，主要这个医院收费比较低，医效好，是在骨科方面，现在我们到外面去，人家都说我们医院是四川省内"第一把手"。这个地方除了这么多藏族、汉族、回族，还有羌族、苗族，每个民族都有，但出院时没有不满意的，都很满意。以前的老骨科医院没有好大，现在的话再有钱也好，单位上的（人）也好，一般骨折都是来这里看。

因骨伤常牵涉一些事故纠纷，医院在遇到没有办法沟通的藏族患者时，便请她担任翻译和沟通。同时，也经常有藏族患者向她求助，希望她帮助安排就医。据她自己说"每个周有二三十个人"打电话向她咨询相关事宜。她成为医院与藏族患者的媒介，既充当翻译角色，又担任纠纷调解者。一些车祸后伤者和责任方之间因语言障碍无法沟通或沟通后难以达成协议的事情，常找她作调解者。她讲述了自己参与调解的一些故事。2017年，一对江苏夫妇在西藏昌都被撞后，与事故责任方不能调和，听说她在天全，他们就直接到了天全，伤者直接到天全中医院接受治疗。在她的调解下，双方由最初提出的赔偿额不能达成协商，到最后赔付医药费并达成共识，调解过后他们还成了朋友，"他们还会经常打电话过来给我"，这位阿姨开心地说道。说着，这位阿姨拿出2017年江苏夫妇给她送的锦旗，写着"医患连心桥"。她店铺中还挂着一面天全中医院赠予的锦旗，写着"汉藏一家人"。

谈起每年接收大批藏族患者的情况，医院的书记说："我们医院的发展离不开少数民族的支持。"为此，医院也积极回馈藏族同胞，实施医疗援藏计划，支持西藏自治区及周边藏族聚居区医疗队伍建设。医院先后与甘孜州康定市人民医院、康定市第二人民医院、泸定县人民医院、理塘县人民医院、理塘县藏医院、会东县中医医院等医院结成骨科联盟，建立医疗联合体。安排院级领导带领业务尖兵，采用送医进藏族地区、派驻业务骨干、援藏指导学习、手术带教等形式，加强骨干培养、技术指导等对口支援。开展巡回医疗、手术和学术讲座40余次，免费为西藏自治区及周边藏族聚居区的医院培训医疗技术人才60余人。天全中医院不仅成为汉藏骨伤治疗的中心，也是连接汉藏人心的纽带，为汉藏民族的交往、交流、交融作出了独特贡献。

四、汉藏民众公认的"大先生"

天全中医院所以成为一座融通汉藏族人心的医院，同一个人密不可分，这就是被人们尊称为"大先生"的天全中医院院长陈怀炯。

无论在雅安市还是天全县城，无论坐出租车还是三轮车，只要提及"大先生"，司机几乎没有不知道的，而且会无比自豪地对你滔滔不绝。

"大先生"也被藏族人亲切地称为"不穿袈裟的活佛"。一位藏族患者谈起"大先生"，对我们说："真的和活佛一样，没有他，很多藏族病人看不起病，是不是？他是我们的救命恩人！"

调查中，我们曾从久负盛名的"大先生"陈怀炯诊室前经过，看见就诊病人很多，挤满了走廊。据医院高书记介绍，"大先生"骨伤医疗技术精湛，深得汉藏病人的信任。"大先生"现年76岁，[①]每天早上六点，"大先生"就自己骑着电瓶车，到医院门诊部开诊，一直工作到中午十二点，因为年龄较大，十二点后一般不看诊，下午通常整理医案、文献。"大先生"生活简朴，由于工作十分繁忙，因此从不接受任何媒体采访，但对患者却如同亲人。其实，医院长期收费低廉，服务周到，尤其是对藏

---

① 陈怀炯先生生于1944年，本文写作时（2021年）陈先生76岁。——编注

族患者风俗习惯给予充分理解和宽容，都出自"大先生"的基本理念——行医是一种"善行"，对患者的体恤是行医的基本道德。正如医院一位医生所说："我们对病人都是一视同仁的，不管他是哪个民族的，我们的目的只有一个，就是尽力医治好患者。"

"大先生"医术高明自不必说。一些患者前来就诊时，由于前期处置不当，消毒不严，致使伤口感染，严重溃烂，形成中空窟窿。这种情况下，保险的治疗方案往往是锯掉感染肢体，以保全性命。但"大先生"出于对患者的体恤，往往甘冒风险，巧妙地将浸药纱布填充于中空伤口，通过日复一日换纱布让伤口日渐缩小，以保全患者肢体。如此让患者完全康复的病例不在少数。这样的治疗不仅要医术精湛，还要有承担风险的胆量与责任，更包含对患者的体恤与大爱。

调查采访过程中，我们始终思考一个问题：在医院普遍难逃追逐利益之窠臼的当下，为何天全中医院却能独辟蹊径，以"技术好、费用低、服务好"深受患者尤其是广大藏族民众的欢迎，成为沟通和连接汉藏族人心的一个样板医院？这个问题深深吸引我们。一个偶然机会，我们发现在老院区药王孙思邈塑像背面，刻着孙思邈《大医精诚》的一段话：

> 凡大医治病，必当安神定志，无欲无求，先发大慈恻隐之心，誓愿普救含灵之苦。若有疾厄来求救者，不得问其贵贱贫富，长幼妍媸，怨亲善友，华夷愚智，普同一等，皆如至亲之想。

医护人员告诉我们，这是"大先生"最推崇、最喜欢的一段话，经常用这段话来开导和鼓励医护人员，讲"行医"首先要发善心，对患者要像对待自己的亲人一样。我忽然悟到："大先生"的"大"，所对应的正是"大医"之"大"。[①]所谓"大医"，系指医术中包含着"仁心"，对求医者有"大慈恻隐之心"，不分"贵贱贫富，长幼妍媸，怨亲善友，华夷愚智，普同一等，皆如至亲之想"。这或许正是天全中医院能融通汉藏族人心、院长被尊为"大先生"的真正原因。

"大先生"曾获得政府诸多荣誉，曾任四川省政协委员，雅安市政协常委，天全县政协副主席。1986年获得"全国卫生文明先进工作者"称号，1998年享受国务院特殊津贴，2000年获得全国"五一"劳动者奖章，2007年被评为四川省首届十大名中医。不过，我以为，"大先生"的难能可贵，正在于他传承和延续了传统中医之"大医"精神。传统中医既是医学体系，也是人文体系，不仅包含医术，也包含"仁心"等人文情怀与道德。如行医是一种"善行"，而非谋利之生意；要有"对弱者和落难者的体恤"，让穷人看得起病，要有人文的情怀与"仁心"等。这正如《天全年鉴》中的一段评价：

　　天全中医院从私人诊所成长为今天具有相当规模的中医医院，除了党的中医政策外，更有一点主要的是有一位具有

[①] "大先生"称谓的缘起，最初是因陈氏怀字辈三兄弟中陈怀炯先生排名老大。但后来，在民众口中的"大先生"称谓，已逐渐演变为崇敬与景仰的含义。

高尚人品、优良医德、精湛医术、勤劳朴实、廉洁奉公、无私奉献的陈怀炯院长。[1]

在"大师"称号业已滥市的当下,"大先生"无疑是一个无比崇高的称号。最重要的是,"大先生"的称呼是出于老百姓之口,所谓"金杯银杯,不如老百姓的口碑"。据我的体会,老百姓口中"大先生"的"大",不但指"大医"精神,也代表老百姓对其高尚人格和大爱情怀的景仰与崇敬。

"大先生"的事迹曾感动无数人。1996年,四川省政协考察团视察天全中医院后,全体成员深为"大先生"陈怀炯的事迹和成就所感动,称其为"悬壶济世,为民造福,誉满西川,医界楷模"。[2]毫无疑问,他是汉藏民众共同敬奉的一位"大先生",更是连接和融通汉藏族人心的纽带与桥梁。

五、天全中医院对民族交往的几点启示

本文的调查,只是民族交往的一个个案,在如海洋一般磅礴的中华民族交往交流交融大潮中只是一朵小小浪花。其实,这样的"浪花"在我们日常生活中无处不在、俯拾皆是,或大或小,充满着温暖和烟火气,让我们的现实生活因此丰富而美好。我是做民族研究的,多年前,我在课堂上曾对学生说,我们经常挂在

---

[1] 天全年鉴编辑委员会编:《天全年鉴2002》,雅安方联印刷厂,2002,第234页。
[2] 陈若雷:《川派中医药名家系列丛书:陈怀炯》,中国中医药出版社,2018,第3页。

嘴边的"民族关系",在书本上或许只是空洞、抽象的概念,但在现实生活中,却是由具体的人与人的关系所组成,充满着情感、烟火气和温度。比如,一名藏族学生从西藏来成都读书,他们和不同民族的老师、同学的关系,就是我们看得见、摸得着的"民族关系"。所谓"民族关系",是由不同族别的许多具体的人与人的关系所构成。所以,友好、宽容地善待身边的少数民族同胞,与他们做朋友,就是为和谐民族关系做一份贡献。

那么,上述案例,对民族交往交流交融带来什么启示?我认为,天全中医院及"大先生"所秉持的"大医"精神,对我们增进民族交往提供了如下重要启示:

(一)秉持"大医"精神:对患者"普同一等,皆如至亲之想"

据孙思邈《大医精诚》,所谓"大医"精神,包含了一个基本思想,即"不得问其贵贱贫富,长幼妍媸,怨亲善友,华夷愚智",皆"普同一等,皆如至亲之想"。民族的平等,乃我国民族政策之精髓。《大医精诚》中所言,不论何种民族,皆"普同一等,皆如至亲之想",与民族平等观念和思想完全契合。天全中医院之所以成为汉藏及各民族交往的典范,正是秉持了各民族"普同一等,皆如至亲之想"的"大医"精神。正如调查中一位医生用朴素的语言所表达的:"我们对病人都是一视同仁的,不管他是哪个民族的,我们的目的只有一个,就是尽力医治好患者。""大医"精神饱含着浓郁人文情怀和崇高道德境界,天全中医院能以"技术好、费用低、服务好"深受藏族民众青睐，正是秉承从医是一种"善行"，让青藏高原广大藏族民众"看得起病"的理念和大爱。从这一角度说，蕴含大爱的"大医"精神，即"发大慈恻隐之心"，不分民族"普同一等，皆如至亲之想"，为进一步促进中华民族的交往交流交融提供了重要启示。

（二）尊重、理解与包容

天全中医院对藏族患者及陪护人员的尊重、理解与包容，为我们理解如何构建和谐的民族关系，促进民族交往交流交融树立了榜样，并提供了重要启示。其实，民族间的交往交流交融，归根到底是人的交往，而人与人的交往融洽与否，关键在于是否以心换心。尤让我印象深刻的是，天全中医院的绿化草坪破例允许藏族人在上面躺卧，享受阳光，正是考虑到这在他们家乡是一件理所当然的事，故选择不予制止。这虽是一件小事，却体现了天全中医院理解和换位思考之大爱。所以，只有以诚相待、设身处地为对方着想，换位思考、以心换心，方能真正有效地实现民族之间的尊重、理解与包容。

（三）"共享"是促进民族交往交流交融的有效途径

医疗既是公共事业，也是实现各民族共享的重要途径。在各民族的交往交流交融中，"共享"正成为各民族接触交集，发生交往交流交融的重要途径。目前，无论在成都各大医院还是天全县城,都能见到大量的藏族人,很大程度正是医疗所带来的"共享"结果。

据调查,藏族患者对天全中医院的认同主要集中于三点:1.收费不高,环境又好又干净;2.技术好、恢复快;3.医护人员很耐心,对患者如同亲人。由于每年接收大批藏族患者并深受藏族民众认同与赞誉,2019年医院也被评为"全国民族团结进步模范集体"。

让人意想不到的是,前来天全中医院就诊的藏族骨伤患者大多生活难以自理,需要有亲人陪护,陪护亲人少则1人,多则2—3人,有的甚至全家都来(尤其是老人),加之骨伤患者的恢复周期相对较长,这给天全县城带来巨大商机,有力拉动和促进了天全县城餐饮、旅店、商品零售乃至房屋租赁等产业的繁荣与发展。目前在天全中医院两个院区周围一带,餐馆、酒店、流动的水果摊、便宜生活用品的地摊小贩都很发达,能较好满足外地的住院患者及陪同家属的生活需求。医院附近也有不少居民楼出租给病患家属作陪护之用。这些均给天全县带来巨大经济利益,促进了县域经济的繁荣。据当地人介绍,目前天全中医院已成为全县最靓丽的一张名片。因吸引大量外地患者尤其是广大藏族患者前来就医,天全中医院实际上支撑了天全经济的半边天。可见,民族之间的交往交流交融不但给每一个民族带来好处,也给各民族带来了新的发展机遇。

让人肃然起敬的是,在陈氏骨科诊所向现代医院的转型中,天全县政府始终保持着对陈氏骨科世家传统的充分尊重,把让老百姓看得起病、全心全意为患者服务作为办院的宗旨。天全中医院的书记——一位颇具亲和力、办事干练的中年人——告诉我们，他的工作就是全力做好服务，就医院的需求和发展同县政府做好沟通协调，医院的业务、规章制度和办院方针等由院长决定。正是这种对传统的充分尊重以及对现代因素的容纳，才产生了汉藏交接地带的"大先生"，产生了融通汉藏族人心的天全县中医医院。

相处之道：藏彝走廊对中国民族交往的经验与智慧

"藏彝走廊"是费孝通提出的一个民族区域概念，主要指川、滇西部及藏东横断山脉高山峡谷区域，因有怒江、澜沧江、金沙江、雅砻江、大渡河、岷江六条大江自北向南流过，形成若干南北走向的天然河谷通道，自古以来这里就是众多民族或族群南来北往、频繁迁徙流动的场所，也是沟通西北与西南民族的重要通道。藏彝走廊是藏缅语民族活动的主要舞台，这里民族种类繁多，支系复杂，由于独特的高山峡谷环境，它不但成为一条特殊的历史文化沉积带，保留大量古老历史遗留，其民族文化现象也具有异常突出的多样性和复杂性，是一个独具价值的民族区域。

费孝通所以将之称作"藏彝走廊"，是基于该区域民族分布主要呈"北藏""南彝"的格局。"藏彝走廊"区域概念的提出有一个大背景，即1980年前后，当改革开放春风和煦，中国社会各行各业百废待兴、欣欣向荣之际，获得了第二次学术生命的费孝通在思考一个大问题——我国的民族研究如何继往开来？任何的继往开来都离不开对过去的反思和总结，人们总是在"过去"找到通往未来的路。费孝通在反思中发现以往的民族研究有两大弊端，一是按照行政区划，二是按照单一民族单位来进行民族研究。有鉴于此，费孝通提出了开辟中国民族研究新局面的两个基本思路，一是按照"历史形成的民族地区"开展民族研究，二是从中华民族整体地域开展民族研究。"藏彝走廊"作为一个单独民族区域的提出，正是费孝通将之视为"历史形成的民族地区"的结果。因此，"藏彝走廊"区域概念，是在中国民族研究发生重要转折关头产生的，它标志着中国民族研究两个大的转向：一是从按行政划区转向按"历史形成的民族地区"开展研究，二是从以单一民族为单位的研究转向了更加注重民族之间的交往交流交融的研究。当时，费孝通把中华民族整体地域初步划分为"六大板块"和"三条走廊"，"六大板块"指北部草原地区、东北角的高山森林区、西南角的青藏高原、云贵高原、沿海地区、中原地区，"三条走廊"则是藏彝走廊、南岭走廊和河西走廊。所以，藏彝走廊区域概念的提出，乃中国民族研究进入从整体地理格局、从中华民族所在地域出发之新阶段的一个标志，同时也是从民族走廊角度开展中国民族研究新局面的一个开端。

"藏彝走廊"区域概念一经提出，在民族学界得到热烈响应。1981年，中国西南民族研究学会在昆明召开成立大会，会上，在马曜、李绍明、童恩正、何耀华、余宏木等学界前辈的倡导下，决定响应费孝通的号召，开展"六江流域民族综合科学考察"活动,这是首次对藏彝走廊区域进行大规模综合考察,不仅取得了可喜的成果,也有力推动了我国民族研究的转型。进入20世纪90年代以后,藏彝走廊逐渐成为我国民族研究的一个热点区域。1992年费孝通在写给成都召开的全国首次藏彝走廊会议"藏彝走廊:历史与文化学术研讨会"的贺信中,有这样一段阐述:"对这条走廊展开文献和实地田野考察,民族学、人类学、民族史学家能看到民族之间文化交流的历史和这一历史的结晶。从而能对'中华民族多元一体格局'有一个比较生动的认识。"这是对藏彝走廊在中国民族研究中地位与价值的客观、准确的概括。从此意义上说,研究藏彝走廊的价值绝非"就事论事",更不是只就"藏彝走廊说藏彝走廊",而是要透过该区域多民族交往交流交融来观察、认识中华民族的流动与形成,通过藏彝走廊来认识"民族之间文化交流的历史和这一历史的结晶。从而能对'中华民族多元一体格局'有一个比较生动的认识"。所以,研究藏彝走廊的意义和价值,我们需要从中国整体民族格局,从中华民族整体地域来认识和理解。改革开放以来,藏彝走廊的研究不断升温,成为中国民族研究的热点区域,根本原因正在于藏彝走廊研究开创了中国民族研究的新范式、新格局。

如果把藏彝走廊放在更大的视野下,放在中国地理格局或中华民族整体地域之中来看待,我们能看到什么?这是认识藏彝走廊意义和价值的重要角度。

首先,藏彝走廊是青藏高原同云贵高原、四川盆地之间一个大的民族连接地带。众所周知,青藏高原的面积约占中国国土面积的四分之一,但青藏高原的地形却是从西北向东南倾斜并逐渐下降。这样的地形构造，带来一个结果：它使藏彝走廊区域的海拔高度也逐级下降，成为青藏高原与云贵高原、四川盆地之间的地理过渡与连接地带。由于海拔高度逐级下降，这里成为适合西南众多民族生活的区域；因此，历史上，分布于四川、云南境内的众多西南民族不断向这一区域迁徙、移动和渗透，使之成为众多民族交汇和交错杂居的区域，也成为藏族与西南民族的交汇连接地区。从这一意义上说，藏彝走廊是藏族同中华其他各民族之间密切交往交流交融的地区，费孝通所以认为，在藏彝走廊中我们能够看到中华民族交往交流交融的缩影，正是就此意义而言。

其次，从南北方向上看，藏彝走廊是中国北方民族与南方民族之间沟通交流和发生联系的重要历史区域。藏彝走廊的主体民族是藏缅语族，藏缅语族主要包括藏语支、彝语支和羌语支三个语支，藏缅语族的发源地是今甘青河湟地区，新石器时代自汉语语族和藏缅语族发生分化以来，藏缅语族的先民即沿藏彝走廊南迁，逐渐流布于藏彝走廊以及越南、缅甸等东南亚地区。今天的云南因民族众多而被誉为我国的"少数民族博物馆"，原因在于云南是中国两大民族系统发生交会的地区，一是自东向西流动的百越民族系统，二是自北向南流动的藏缅语民族系统，这两大民族系统在云南发生交汇，衍生和分化出众多的民族。

倘若我们从更大视野，从整个中国历史演变与地理空间的角度看，藏彝走廊多民族交汇格局的形成还有一个重要原因——它处于中国从东北到西南半月形文化传播带的南端。"从东北到西南半月形文化传播带"是著名考古学家童恩正发现并提出的一个重要文化现象，他指出在从中国东北到西南的半月形地带中，存在大量相似文化因素，该地带在海拔高度、日照、年降雨量及农牧结合经济类型等方面存在诸多共同点。正因为如此，半月形文化传播带也成为历史上北方民族频繁迁徙流动的地带。进入历史时期，许多北方民族在势力壮大后，往往沿着该地带西迁，如建立辽朝的契丹、建立元朝的蒙古均沿着半月形文化传播带进入藏彝走廊区域。此外，历史时期，许多北方民族也沿着藏彝走廊的河谷通道南下，进入云南，最典型的是蒙古族、回族等。在许多历史时期，由于中原地区往往有强大的政权，要越过这些政权自北向南迁移几乎不可能，而藏彝走廊是一个政治力量相对薄弱地带，因此，历史上许多北方民族是通过藏彝走廊进入南方。如在南宋末年，为实施对南宋政权的包抄，忽必烈率领蒙古大军从西北的六盘山穿越藏彝走廊南下云南，灭大理政权，形成对南宋的包围之势。明清时期，回族也多经藏彝走廊从西北南下云南，以至于形成杜文秀的回民起义及建立政权。许多北方文化因素也经由藏彝走廊传入南方。红军的长征亦经由藏彝走廊地区北上，进入西北。所以，藏彝走廊是中国南北民族与文化发生沟通交流和联系的重要区域与孔道，也是观察和研究北方民族与南方民族交流接触的重要历史区域。

在东西方向上，藏彝走廊也是农耕区域与高原地区民族与文化发生联系的通道和桥梁。尽管地处横断山脉地区，山脉河流均呈南北走向，但这种东西方向形成屏障的地形却并未阻断民族与文化的交流。自明代中叶以来，在穿越藏彝走廊的川藏道成为中央王朝经营西藏的主要通道后，藏彝走廊在东西方向上的民族与文化交流显著提升，川藏道不仅成为进出西藏的官道，汉族移民也大量沿川藏道涌入，产生了清代至民国时期汉藏民族在藏彝走廊区域的大规模交往交流交融，今天藏彝走廊许多地区的社会及文化面貌，很大程度是在明清以来汉藏民族之间大规模交往交流交融和整合基础上形成的。故学界不少人亦将藏彝走廊称作"汉藏走廊"。此外，藏彝走廊区域另一个持续千余年的重要交流，则是汉藏之间的茶马贸易与茶马古道。历史上销往青藏高原的茶，主要产地是四川雅安和云南大理、普洱一带，两地的茶均是经由藏彝走廊运送到青藏高原各地。因茶叶为藏族人日常生活所不可或缺，故西藏地方亦将经由藏彝走廊的运茶路线称作"黄金通道"或"黄金桥"。可见在东西方向上，藏彝走廊区域在连接汉藏民族及两地间文化交流上同样发挥着重要作用。

不过，藏彝走廊作为民族种类众多、支系复杂，民族文化有突出多样性的区域，其在中国地理和民族格局中的突出意义与价值，乃在于它是多民族交汇、聚居及文化交融的典型区域。中国是有着悠久历史的多民族国家，在强调民族交往交流交融的今天，藏彝走廊作为民族众多和文化多样性突出的区域，其在民族交往接触、和睦相处、和谐共居方面积淀了丰富的经验与智慧，这些经验与智慧大多散落于民间，犹如一座宝藏，尚值得我们深入挖掘。例如，在藏彝走廊南部滇西北十余个民族中，广泛流行"弟兄祖先"传说。传说的基本模型是，在创世纪初，仅存一对兄妹，他们婚配生下几个儿子，长大以后老大、老二和老三分别变成了相邻的几个不同民族的祖先。民族的组合各不相同，一般来说，既包括本民族，包括与自己相邻的民族，也常常包括汉族、藏族这些大的民族。这种以"弟兄"即"血缘联系"来解释民族关系的传说,尽管出于主观建构,但其功能和客观效果却不容小觑,在多民族密切交汇地区,它产生了重要的柔化和改善民族关系的客观效果。又如,在藏彝走廊多民族聚居地区,人们日常生活相处主要遵循"求同""求和"原则,主观上淡化和模糊民族界线,文化上持开放和包容态度,并不将"民族"与"文化"对号入座,各民族在文化上相互汲取,"你中有我,我中有你",使民族之间通过文化"共享"构建出和谐、友好的民族关系,等等。这些均是藏彝走廊多民族交往接触中长期探索、积累的经验与高超智慧。这些处理民族关系的经验和民间智慧,可为当今促进各民族交往交流交融提供宝贵借鉴。从此意义上说,藏彝走廊这一多民族交汇与密切接触区域,蕴藏着我国多民族国家构建民族和睦关系、实现民族团结的诸多民间智慧与奥秘,这同样是藏彝走廊区域在中国地理和民族格局中的意义与价值所在。

中篇

文明长河——通古今

打箭炉：一座有"故事"的边城

"故事"一词，颇值得玩味。从字面上看，它是指过去的事，但实际含义则要丰富和有意味得多。我们常说的"讲故事"或某人某事"有故事"，这里的"故事"，大多指一些有内涵、有趣味的情节或事情。

记得一次与几位学界朋友吃饭聊天，一位曾做过大学校长、颇有见识的朋友提出一个让人称奇的观点：判断一个学者成熟与否，标准很简单，看他是否"有故事"。结论是，一个"有故事"的学者才是成熟的学者。他举了一个例子，他做校长的学校有一位著名前辈学者，早年留学哈佛大学，是国内某领域开拓者，桃李满天下。在一个轻松的场合，有同事笑问他在家中地位，该先生说："我家的大事由我定，小事由夫人决定。"同事接着问："你家哪些是大事？"该先生答道："我家就没有大事。"大家听完哄然一笑。朋友说这就是"故事"。并说据他留心观察，大学里的一些著名学者，大都伴随着这样一些私下为人们津津乐道、不断传播的"故事"。当时听完就罢了,并未怎么往心里去。但闲下来细思,却慢慢品出其中一些道理。"故事"大多指一些有趣味、有意义且超乎寻常的事,能做出有"故事"的事、说出能成为"故事"的话之人,或许具有某些不同寻常的智慧与见识。我想,这大约是产生用是否"有故事"来判断一个学者成熟与否这一认识的原因吧。

如此看来,常言说的"有故事",是一个很有魅力的词。因为"故事"往往意味着是否有趣和有意义。有趣和有意义的事不仅令人长见识,更能启迪人的智慧。所以,古今中外,上至王公贵族,下至平民百姓,莫不喜欢"故事",喜欢"有故事"的人、事和地方。

提到康定人们并不陌生,一首广为传唱的《康定情歌》已让这座位于成都平原之西的边城闻名遐迩。康定处于传统的汉、藏分布边缘,也是汉、藏民族的接合部,是一座兼具汉、藏文化特点并有着浓郁特色的边城。康定给人的印象是喧嚣、拥挤但又充满活力。在纵贯城市中心的繁华地段,一条清澈、奔腾、喧嚣的河流以极快的流速穿城而过,这在中国的城市中恐怕独一无二,是康定城最独特的一道风景。但若论康定之魅力,却不在自然,不在于其地为交通咽喉,也不在于《康定情歌》所唱"康定溜溜的城",而在于它是一个"有故事"的地方。

先从康定的跑马山说起。《康定情歌》第一句歌词是:

跑马溜溜的山上,
一朵溜溜的云哟,

> 端端溜溜的照在，
> 康定溜溜的城哟。

这句简单、悠远的歌词，激起人们对康定的无限遐想。20世纪90年代初，我第一次去康定，朋友带我去登跑马山，当时还没有索道，山很陡，但树木葱茏，风景极佳，我们沿着陡斜的山间小路一路上行，狭长形的康定城全貌逐渐清晰地尽收眼底。当终于到达目的地，却发现被称作跑马山"跑马"的地方并非辽阔、空旷之地，更不是飘着"一朵溜溜的云"的一望无垠的草原，而只是一个山间小平坝，完全不适合"跑马"或"赛马"之类。或许为了与"跑马山"名称相符以满足游客的期望，小平坝上确有商家弄了两匹马在坝子上转圈，这主要成为小朋友或部分成年游客的娱乐项目。下山路上，朋友告诉我，很多外地游客和朋友到康定，第一件事就是迫不及待地去上跑马山。对跑马山，康定人有一个很诙谐的总结："不上跑马山会遗憾，上了跑马山也会遗憾。""不上跑马山会遗憾"比较好理解，因为不上跑马山，就无法兑现我们被《康定情歌》所激发起来的对跑马山的无限遐想。但上了跑马山才发现，这并非人们想象的辽阔、空旷的跑马之地，故也会遗憾。

下山后，我一直困惑于一个并不适合跑马的山为何会被称作"跑马山"。专业习惯使我忍不住去查阅资料，一查才知道，所谓跑马山，当地藏族人原称"帕姆山"，"帕姆"（phag mo）又作"金刚亥母"，是藏传佛教中一位重要本尊，被尊为女性本尊之首。"帕姆山"乃藏族人的一座神山，因清代管辖康定一带的明正土司每年农历五月十三日在山腰台地供奉山神,当时康定汉人已较多,汉人遂依其音将"帕姆山"称为"跑马山",这才有了《康定情歌》唱的"跑马溜溜的山"。

对这则故事,一般多认为是由汉、藏民族之间的"词语误读"所引起,是汉人将藏族人所称"帕姆山"读作了"跑马山"的一个有趣味的误会。从表面上看,这大体没有错。这也是我最初的认识。但后来,有关这类故事的一系列令人惊奇的发现,让我改变了看法。我发现,所谓"误读",其实是一个错误判断。

先从康定的地名说起。康定原来并不叫"康定",而叫"打箭炉"。今天康定城区仍叫"炉城镇",系"打箭炉"地名的孑遗。"打箭炉"地名由何而来?今作为康定门户的泸定桥头矗立着一尊高大石碑,这是康熙四十五年(1706年)泸定桥落成时,康熙皇帝亲自为泸定桥落成撰写的一篇碑记,全称是《圣祖仁皇帝御制泸定桥碑记》。碑中有这样一段文字:

> 打箭炉未详所始,蜀人传汉诸葛武乡侯亮铸军器于此,故名。

这说明,至少在泸定桥落成时已有"打箭炉"这一地名。且碑记中特别提到"蜀人传汉诸葛武乡侯亮铸军器于此",这是对"打箭炉"地名含义的诠释。也就是说,"打箭炉"得名是因为诸葛亮铸军器("造箭")于此,而且此说法出自"蜀人"。这是我们从康熙碑记中得到的信息。

那么,"打箭炉"真是因诸葛亮"造箭"于此而得名吗?查阅史料才发现,"打箭炉"的地名早在明代已经出现。《明实录》中记载了一件事,洪武十五年(1382年),元朝时曾任四川分省左丞相的剌瓦蒙(应为蒙古人)派一名叫高惟善的使臣前往明朝都城应天,目的是把元朝所授银印上交明朝,以示"弃元投明",归顺新王朝。记载中提及高惟善一行是"自西番打煎炉长河西来朝"。"长河"指大渡河,"长河西"则指大渡河之西。文中提到了"打煎炉"这一地名。这一事件在《明史》中也有记载,称高惟善是从"其地打煎炉"来朝,确证"打煎炉"是一地名。可见,《明实录》《明史》中已出现了"打煎炉"地名。

清初,蒙古和硕特控制康区之时爆发了"三藩之乱"。割据云南的吴三桂势力延伸至滇西北,且与西藏多有来往,引起清廷不安。为此,康熙十九年(1680年)清廷发了一道谕令,要求派员加强对"打煎炉"一带的侦察和防御。此谕令中,把"打煎炉"写作"打折卢"。由此可见,在康熙《御制泸定桥碑记》以前,仅写作"打煎炉"和"打折卢",并无"打箭炉"的写法。

那么,"打煎炉"或"打折卢"是何意?显然,无论是"打煎炉"还是"打折卢",均不存在汉文字面的含义。可以肯定,二者均源自藏语地名的译音,属汉字记音的地名。对此,民国时期学者已有一致看法——该词"系藏语'打折多'之译音"。藏语称两水交汇处为"多"(mdo)。打煎炉正好处于源自折多山之折曲(折多河,曲为"河")与源自大炮山之大曲(打曲,即今雅拉河)交汇处,故被藏族人称作"打折多"(dar rtse mdo)。所以,明代和清代早期文献中出现的"打煎炉"或"打折卢",正是藏语"打折多"的译音。

"打折多"在明代兴起主要与两个背景有关。第一，从明中叶起，青藏道因受西北蒙古诸部威胁，屡遭劫掠，明朝为"隔绝蒙番"，从明中叶起规定涉藏地区僧俗朝贡使团一律须经由川藏道往返，川藏道必经打箭炉，这使打箭炉的交通咽喉地位开始凸显。第二，明末蜀乱及张献忠入蜀，使蜀人大量西迁避险。避险的蜀人大量越过大渡河，进入打箭炉一带。这使汉藏茶叶贸易市场逐步从大渡河东岸向西岸转移，打箭炉作为汉藏新兴茶叶贸易中心的地位开始确立。

为何康熙十九年（1680年）清廷谕令中尚称"打折卢"，时隔26年即康熙四十五年（1706年），却变成了"蜀人传汉诸葛武乡侯亮铸军器于此"的"打箭炉"呢？原因是这期间发生了两件大事。一是1700年当地发生蒙古营官杀害明正土司事件，为维护当地政治秩序，清朝发动"西炉之役"，从蒙古和硕特部手中夺取了对打箭炉的直接控制权。二是康熙四十五年（1706年），在大渡河上建成了泸定铁索桥。这两个因素造成大批蜀地汉人涌入打箭炉。正在此背景下，"打折多"开始变成了"蜀人传汉诸葛武乡侯亮铸军器于此"的"打箭炉"，故"打箭炉"的称呼显然出自迁入当地的蜀地汉人的"发明"。

既然"打箭炉"是因"汉诸葛武乡侯亮铸军器于此"得名，该传说在蜀人中就被继续演绎。于是产生了诸葛亮曾派一名叫"郭达"的将军在当地造箭，郭达将军死后，人们为了纪念他，在打箭炉城中建起了"郭达将军庙"等一系列传说故事。为配合这些传说故事，使之更真切，城边的一座山被命名为"郭达山"，城中也就出现了一座"郭达将军庙"。

"郭达"何许人也？遍查《三国志》等史籍，诸葛亮麾下及同时代并无一位叫郭达的将军，可见"郭达"并非真实历史人物，而是出自虚构。既然"打箭炉"是一个望文生义附会而来的地名，何来"郭达"其人？稍做调查才知道，"噶达"（mgar ba）原是当地护法山神的名称，所谓"郭达山"原是当地的"噶达"神山，城中的所谓"郭达将军庙"，当地藏民称"噶达拉康"（mgar ba lha kang），是敬拜"噶达"山神的庙。有意思的是，有关噶达山神的来历，据当地藏族人的传说，很久以前，一铁匠在西藏习法，奉命来打箭炉，修成正果，幻化为铁匠化身的神。藏语"噶达"正是"铁匠"之意。[①]于是，噶达山神的"铁匠"身份成为汉人衍生郭达将军"造箭"传说的蓝本，也成为衔接汉藏传说、信仰的一个关键环节。

以上这些，均是打箭炉兴起过程中，因大量汉人移民进入而出现的独特文化现象。毫无疑问，无论是"打箭炉"地名，还是"郭达山"和"郭达将军庙"，均出自汉人移民的主观建构。那么，这些主观建构有什么作用？对此，开始我不甚了了，亦未深究，只觉得这些"故事"很有趣。直到2017年我在雅安一个藏茶厂的宣传栏上看到这样一段文字，才恍然有所悟：

> "雅安"是藏语，意思是牦牛的尾巴。如果把青藏高原比作一头牦牛，雅安就是这头牦牛的尾巴。由此可见雅安是当时涉藏地区的边沿。三国时，诸葛亮南征与孟获交战，就

---

① 格勒:《甘孜藏族自治州史话》，四川民族出版社，1984，第36页。

在雅安。七擒七纵使孟获心服口服,双方商定,孟获退一箭之地。谁料这一箭却从雅安"射"到了200多公里以外的康定。这是诸葛亮谋略过人,早已暗中派人在康定安炉造箭,然后将所造之箭插在一个山顶上,孟获吃了哑巴亏,无奈还雅安于蜀国,退到了康定以西,所以康定会取名为"打箭炉"。

藏茶厂老板祖辈均从事藏茶生产,他是第七代传人。若按30年为一代计,大体可上溯至乾隆时期。他称此传说系祖辈所传。因清代藏茶主要经打箭炉销往涉藏地区,此传说当年在打箭炉地方流传甚广。这是一个典型的民间传说版本。"退一箭之地"是发生于诸葛亮征南中的传说,将其移植于打箭炉实属荒谬,但这个移植对我们理解当年进入打箭炉的汉人移民为何会围绕"打箭炉"地名附会诸多传说却十分关键,这些传说实际上在强调和隐喻一个事实——打箭炉并非"异乡",早在诸葛亮时代就已是汉人的地界。这样做并非要和藏族人争地盘,而是对汉人移民可以起到化"番地"为"故乡"、化"陌生"为"熟悉"的心理作用。打箭炉的汉人移民主要来自蜀地,诸葛亮是蜀地家喻户晓的人物,也是典型的汉人符号,把自己最熟悉的文化符号带到新的环境,是移民化解、疏导客居异域"思乡之愁"和弱势心理的一剂良方。对"打箭炉"地名的塑造并演绎诸葛亮时在此"造箭""让一箭之地"和"郭达将军"等传说,对汉人移民来说正有着这样的功能。

有一个现象极有意思,汉人移民中产生的这些传说,有一个共通点——均是借用藏族人的词语来说事儿。无论是把藏语地名"打折多"变为"打箭炉",把藏族人的"噶达"变为汉人将军"郭达",还是把藏族人敬奉的"山神庙"变为汉人的"将军庙",均无不如此。开始我对此并不理解,以为这纯属汉人移民牵强可笑的"误读"。特别是把当地山神"噶达"变为汉人将军"郭达",二者虽然同音,却无任何史实依据。我曾经产生这样的疑惑,他们为何一定要"借用"藏族人的地名、山神名和庙名来注入自己的诠释和意义,何不"另起炉灶"?但是,当知道这些做法产生的效果后,我渐渐改变了看法,开始明白这些看似牵强可笑的"误读",实际上并非"误读",它的背后蕴含着一整套文化逻辑,是汉人移民寻求与藏族人整合,借以达成"共享"与"求同"的一种高超的民间智慧。

事实上,汉人移民把藏族人的山神"噶达"称作"郭达"将军,进而把"噶达山神庙"作为"郭达将军庙",均产生了奇特效果,以此为基础形成了打箭炉一年一度规模盛大的"将军会"。"将军会"主要内容是抬着"将军神像"巡游全城。会期从每年农历六月十五开始,传说这一天是郭达将军诞辰日。会期持续三日,其间,全城都沉浸在欢乐气氛之中,盛况空前。民国时有人曾这样记载"将军会"的盛况:

> "将军行身出驾。笙箫鼓乐,旗锣幡伞,扮高桩,演平台,以及各种游戏,装鬼扮神,陆离满目,绕场过市,万人

空巷,亦一时之壮观也。"①又记:"郭达将军诞辰,俗呼将军会。是日午后一钟,神驾出行,前列各项戏剧平台,杂以鼓乐,次为香花水果茶食宝珠衣等供养,又次为火牌、执事持香,妇女与念经或奏番乐之喇嘛以及画装之剑印二使者,鱼贯而行,终则以四人肩抬将军神像,尾随其后,沿街铺户,秉烛焚香,燃烧柏枝,全城香风馥馥,观者塞途,一时颇称热闹。"②

"将军会"始于何时已不可考。从史料看,至少民国时期"将军会"已成为康定一年一度藏、汉民众"同祀共欢"的盛大宗教活动与节日庆典。该活动虽被冠以汉人色彩的"将军会",却丝毫不影响藏族人的参与热情,其性质既非完全汉式,亦非单纯的藏式,而是汉、藏信仰因素的杂糅。如"抬菩萨之人,皆为藏族青年。参与菩萨出巡行香之人藏族男女老少,要占总人数之半"③。由汉、藏共祀的"郭达将军庙"(藏族人称"噶达拉康")衍生出来的"将军会",发挥着整合汉、藏关系的功能和作用。通过一年一度"将军会"的"同祀共欢",极大消弭了汉藏双方的文化生疏感,使汉藏民族间的文化界限趋于模糊,民族关系趋于亲密、和谐。从清代至民国,打箭炉这座汉藏民族混居的"边城",一直以民族关系的和谐著称,成为汉藏交融的典范。这不能不说与"将军会"所起到的文化整合作用有极大关系。

---

① 杨仲华:《西康纪要》,商务印书馆,1937,第459页。
②《西康消息》,《西康公报》1931年第20期。
③ 康定县志编纂领导小组:《康定县炉城镇志(初稿)》,1990,第143页。

需要指出，把"打折多"变成诸葛亮"铸军器于此"的"打箭炉"，把当地护法神"噶达"称作"郭达将军"，或将"噶达"神山说成郭达将军造箭的"郭达山"，这些均不碍事，汉、藏双方均可按自己的认定与理解去行事，相互可并行不悖。但难度在于，要把藏族人祭祀"噶达"山神之"噶达拉康"同时作为汉人敬拜的"郭达将军庙"却相当棘手，同一庙宇，同一尊神像，如何能够成为汉、藏双方共同的祭拜场所？令人钦佩的是，汉人移民在这方面表现了高超的智慧、变通与灵活性。汉人的做法是，既不变更庙宇，也不变更庙中原有神像，而是仅在藏族人敬拜的"噶达"神像前置一木牌，上书"敕封某爵汉朝郭达将军神位"。

民国时曾任康定第一完小校长的黄启勋对"郭达将军庙"有这样一段回忆：

> 我幼小时所见庙中住持，常年是一年老喇嘛，加之郭达神像着藏式服装、骑山羊，与喇嘛称之为骑羊护法神的"当钦"酷似一人，这以汉式庙宇，塑藏式菩萨，汉藏民族共敬一人，恐怕也是打箭炉为藏汉杂居之地，宗教感情融通的地方特点的反映。①

从这段描述看，汉人虽视"噶达拉康"为"郭达将军庙"，但郭

---

① 黄启勋：《郭达随笔》，《康定县文史资料选辑》第3辑，中国人民政治协商会议甘孜藏族自治州康定县委员会编印，1989，第146页。

达神像却"着藏式服装、骑山羊,与喇嘛称之为骑羊护法神的'当钦'酷似一人",也就是说,汉人并未改变庙中藏族人祭拜的"噶达"神像,庙中住持也是一年老喇嘛。事实上,清代民国以来,郭达将军庙始终维持着汉、藏因素混合的特点。清代咸丰、光绪年间及民国时期,当地士绅、锅庄主、秦晋商贾及藏族信众曾筹资对"郭达将军庙"进行过多次重修。重修后的"郭达将军庙"外观呈汉式椽斗建筑式样,庙内建有戏台、惜字库,庙的后殿塑有观音菩萨、李老君、川主像等汉式神祇,但这并不影响藏族人对噶达山神的供祀与虔信,原因是庙内始终供奉着骑山羊、着藏袍、"造形狞严"之藏式山神像,并置藏式转经筒,也以藏传佛教寺院规矩来管理庙中的香火。这说明尽管汉人将该庙视为"郭达将军庙",却很清楚其同时也是藏族人的信仰场所,故对庙内供奉的藏式山神像始终予以维护和尊重。即便是后来发展出来的"将军会","抬菩萨之人,皆为藏族青年"。正因为汉人对"将军庙"的藏文化特质始终给予维护和尊重,才使其成了打箭炉城内汉藏双方共同表达信仰之场所。清末任职于川边的查骞曾有这样的记叙:"汉夷民讼有不决于心者,两造各设油鼎汤釜,赴将军庙叩决,理曲者多却退。夷民过庙前,必拜而后趋越。"[①]可见,清末"将军庙"在藏族人、汉人心目中已具有同样神圣性与约束力。"将军庙"具有如此功能和作用,根本的原因在于"汉藏民族共敬一人"。此一人,在藏族人眼中是山神"噶达",

---

① 查骞:《边藏风土记》卷1,《西藏学文献丛书别辑》第6函,中国藏学出版社,1992,第6页。

在汉人眼中则是将军"郭达"。因二者完全同音,又均有"铁匠"身份背景,这就带来了极大的模糊性与交互性,藏族人认为汉人是敬"噶达"神而感到喜悦,汉人则以为藏族人敬"郭达"将军而感到亲切,久而久之,便形成"汉藏民族共敬一人"的局面。正因为如此,"将军庙"遂成为汉、藏民族在信仰上发生链接和产生亲近感的重要纽带,并最终发展出一年一度藏、汉民众"同祀共欢"的"将军会"。

以上就是打箭炉的故事。这些发生于汉、藏民族之间的故事,不但有趣,还蕴含着丰富的意义,颇值得我们细细咀嚼和深入思考。

我国是一个史学传统深厚的国度,因传统史学对史实真实性的强调往往远大于史实意义,故清代民国的文人学士多从传统史学立场出发,认为这些故事纯属"齐东野语"、荒谬不经,多持不屑与排斥态度。如清末黄懋材认为:"(打箭炉之名)附会无稽。愚按:唐宋之世,吐蕃入寇,斯为要道,或尝造箭于此,至于丞相南征,由嶲入益。程途各别,非所经行也。"[1]任乃强也指出:"清乾隆时,始有人捏造武侯遣将军郭达造箭于此之说。世多仍之,荒谬之甚矣。"[2]从其所用"附会无稽""捏造""荒谬之甚"等词语看,他们对这类传说故事明显持负面看法。在缺乏人类学及现代学术视野的条件下,这些看法原无可厚非,但它们在相当程度上却影响了后人对"打箭炉的故事"背后之意义的思考

---

[1] 黄懋材:《西輶日记》,吴丰培辑:《川藏游踪汇编》,四川民族出版社,1985,第288页。
[2] 陈渠珍:《艽野尘梦》,任乃强校注,重庆出版社,1982,第9页。

和探索。

其实，历史从来就包含"真"和"伪"两个部分。前者指真实发生过的历史事实，后者指经过历史当事者或前人主观建构而呈现的历史事实。两者一个真、一个假，一个客观、一个主观，但都是历史的有机组成部分。事实上，前人遗留下来的那些明显属于主观建构的传说、附会，看似荒诞不经，却往往蕴含丰富的思想资源、观念和意义，同样是我们认识当时社会的重要史实和素材。例如二十四史帝王本纪中，有大量关于各朝帝王尤其是开国皇帝出生前后出现种种祥瑞的记述，它们明显出自附会。从传统史学观点看，肯定是"伪"。但这"伪"既是古人所造，也是当时历史的一部分。重要的是，古人为何附会？这些附会有何功能？它们产生什么样的效果？根植于什么样的思想观念与社会土壤？这些都是更具意味的问题，对理解当时社会及其思想观念同样是重要的史料。

毫无疑问，清代以来汉人围绕"打箭炉"进行的一系列主观建构，是近代汉藏大规模杂糅、交融背景下出现的一个生动而有趣的文化案例。此案例非由专家设计，而是出于民间的自发，甚至可以说是民间自发集体意识（或集体无意识）的产物，但是，令人意想不到的是，其所包含的文化策略、智慧，尤其是其带来的巨大效果，却着实令人惊叹。细细思量，该文化案例至少蕴含了有关民族交融与文化整合的两个重要规则：

一、通过"借用"达成"共享"和"求同"。汉人的一系列主观建构并非出于"误读"，而是集体意识下的"有意附会"。这种借用藏族人的地名、山神名来植入自己的文化因素的做法，既能满足汉族移民自身的心理需要,又能达成与藏族人"共享",并通过"共享"与藏族人"求同"。这实在是与藏族人进行文化整合的高超策略和民间智慧。我想,这也许正是汉人绝不"另起炉灶",一定要借用藏族人已有概念来说事儿的原因。

二、在"共享"和"求同"过程中,给对方以足够的尊重。汉人尽管称"噶达拉康"为"郭达将军庙",却接受"郭达神像着藏式服装、骑山羊"的藏式样貌;尽管称"将军会",但抬神像出巡者必为藏族青年。也就是说,汉人在"借用"和"共享"的过程中,对藏族人的信仰始终予以尊重和维护。如此,才最终形成汉藏同祀一庙(藏族人的"噶达拉康"亦同时为汉人之"郭达将军庙")、共敬一人(藏族人之山神"噶达"亦同为汉人之"郭达将军"),正是有了这种宗教感情的融通,才发展出藏汉民众同祀共欢、汉藏文化充分整合的"将军会"。

当然,有一点不容忽视,汉人的主观建构之所以能在汉藏文化整合及与藏族人互动上产生巨大效果,与藏族人的主观愿望有直接关系。打箭炉是因汉藏茶叶贸易而兴,从泸定桥建成以后,逐渐成为新的汉藏茶叶交易中心。汉人将茶从雅安运到打箭炉,卖给藏族人,再由藏族人将茶叶销往青藏高原各地。但是,打箭炉汉藏茶叶交易却不是通过沿街集市来进行,而是采取了一种独特交易方式——以"锅庄"为中心的贸易方式。这里所谓"锅庄",并非我们今天所说的"锅庄"舞蹈,而是指一种特殊的进行汉藏茶叶贸易的客栈。汉商将茶叶运到打箭炉后,入住固定的自己所熟悉的"锅庄"客栈,茶包也堆放在"锅庄"里,马也由"锅庄"照看喂养,汉商及其随员在"锅庄"里不仅吃住免费，还会受到热情周到的款待，他们只需要告诉锅庄主自己这批茶的销售价格。锅庄主即为其八方寻找买主，买主找好后，双方进行交易，锅庄主按事先的约定"抽头"（提取佣金），藏商派人将茶叶运走。这是汉藏茶叶的主要交易方式。过去打箭炉曾有48家锅庄，锅庄主最初均为藏族人（后来才有汉人"锅庄"），且多为女性，她们大都热情干练，熟知汉藏文化及习俗，人情练达且善于沟通，穿梭和游说于藏汉客商之间，如鱼得水，八面玲珑，人缘甚佳，成为汉藏客商之间特殊的联系纽带和润滑剂。这种以锅庄客栈为中心的汉藏茶叶贸易方式，不但是以信誉为基础，也以汉藏之间的情感沟通为纽带，是一种"和气生财"的典范。所以，这种以锅庄客栈为主的汉藏茶叶贸易的方式，不但造就了大批像锅庄主一样在藏汉商人之间如鱼得水、应付自如的"媒人"，也使打箭炉社会生活各个领域普遍呈现出汉藏民族及文化相互濡染、相互接纳的情形。民国时期对这方面情形已多有记叙，如称当地汉人子女多有"习于穿蛮装的"，"在这地方生长的小孩，差不多没有一个不会说蛮话、唱蛮歌的。其中有的一口蛮话，和康人没有分别"。[①] 又记康定藏族人则多能说汉话，"富家生活也很优裕，家里用具，多同汉人"。[②] 事实上，打箭炉能够形成汉藏同祀一庙、共敬一人并在宗教感情融通基础上发展出藏汉民众同祀共欢的盛大"将军会"，正是以汉藏民族及文化的相互濡染、相

---

① 董兆孚：《徼外旅痕》，《边政》1930年第4期；曾昭抡：《西康日记（八五）》，《大公报（香港版）》1940年5月8日第5版。
② 钱逋仙：《西陲重镇的康定》，《新华日报（重庆版）》1939年3月28日。

互接纳为其社会土壤。

对康定的汉、藏混一情况,民国时曾有人发出"多数康人已经汉化,或是少数汉人已经康化"的感慨。[①]其实,这是长期以来人们习惯于以"汉化"作为汉族与少数民族交融之最终结果的一种思维范式,是一种认识上的"误区"。"打箭炉的故事"生动地证明民族间的交融与文化整合从来是双向性的。该案例揭示了民族之间交融与文化整合的三个核心要素——相互需要、相互求同、相互尊重。

历史上,汉人进入边疆地区并与当地少数民族发生交融与文化整合,是造就中华民族多元一体格局的重要途径。但过去人们容易站在汉族中心立场,往往习惯于将汉族与少数民族的交融和文化整合简单归结为所谓"汉化"。这种认识的偏颇与局限性不言而喻。台湾人类学家李亦园先生早已提出应注意汉族与少数民族之间文化影响的双向性,他指出:"民族与民族接触之时,相互影响吸收和采借经常是双方面的事。汉族文化固然影响少数民族,但其间接受他们文化影响的也应不在少数。"[②]顾颉刚先生亦指出:"汉人的生活方式所取于非汉人的一定比较汉人原有的多得多。"[③]其实,民族的交融与文化整合是一个复杂的互动过程,并非简单的什么"化"或"谁化谁"所能概括。当下,提倡各民族的交往交流交融,这正是基于民族平等观念的科学、客

---

① 石工:《西康问题特辑:康定剪影》,《川康建设》1934年第1卷第2/3期。
② 李亦园:《汉化、土著化或社会演化》,《李亦园自选集》,上海教育出版社,2002,第369页。
③ 顾颉刚:《中华民族是一个》,《益世报·边疆周刊》第9期,1939年2月13日。

观表述，它表明民族交融的结果乃"你中有我，我中有你"。所以，对历史上汉族与少数民族之间的交往接触，我们应跳出"汉化""夷化"的窠臼与思考范式。

以上是"打箭炉的故事"带给我们的启示。

从民族读杭州的背影

我第一次来杭州是1985年,印象是环境优美、生活舒适、姑娘形象姣好而有气质,真不负"人间天堂"的美誉。当时是在读研究生,凭介绍信入住浙江美院的一间破旧招待所。因囊中羞涩也与美食无涉。每日如浪子般游荡于西子湖畔的"人间天堂",印象仍无比亮丽、美好。近些年又来过杭州,除环境优美、生活舒适依旧以外,又增加一个印象:经济发达。法国旅游人类学者在考察世界诸多城市后,发现除了世居和生存等因素,是否具有后现代风格,正在成为人们评判一座城市宜居与否的重要标准。什么是"后现代城市"?他们给出了三个条件:环境优美、生活舒适、经济发达。这三者杭州均同时具备。所以,在中国芸芸且各具特点的城市中,不言而喻,杭州是一座有后现代风格的宜居之城。

读一座城,犹如读一本书,不但要知其今貌,也要读其纵深。其实,环境优美、生活舒适、经济发达只是今日杭州的一个横断面。若回溯纵深，让我感到惊讶的是，这座安逸、宜居并有后现代风格城市的兴起和繁荣，竟与中华民族历史进程中由民族冲突、交融会聚掀起的一段惊心动魄的旋涡巨浪息息相关。杭州的兴起和繁荣主要得力于两点：一是南宋在此建都约150年（1127—1276年，1276年南宋皇室在蒙古攻击下放弃临安南逃）；二是从东晋南北朝到唐宋时期，中原的文人、官宦及世家豪族源源不断向江南地区迁移。而这两点均与中华民族历史演进中的民族因素密切相关。建都杭州的南宋存在了152年，直接促成了杭州乃至江南地区的繁盛。但南宋政权的首尾两端，即其建立和灭亡，却皆是由民族因素所主导和决定。北宋政权在金兵南下的强势冲击下土崩瓦解。在宋徽宗等皇室成员大批被掳掠北上的屈辱与哀号中，以赵构为首的北宋皇室余部落荒南逃，在金兵的追击下东躲西避，几经波折，最终仓促在临安（今杭州）站稳脚跟，这便是南宋的由来。在南宋存续的152年中，始终面临着北方金和蒙古的强大威胁，常在"战"与"和"的艰难抉择中苟且和摇摆。1279年，南宋同样在悲壮与屈辱中灭亡于北方南下的强大的蒙古。也就是说，直接促成杭州兴起和繁荣的南宋，无论其建立或终结，都是由北方民族的南下所导致。如果从"民族"读杭州，这是我们可以读出的隐藏于这座现代繁华都市的第一个背影。

一座城市不可能孤立得到发展。杭州及所在江南地域的开发与繁盛，还离不开另一个因素，这就是历史上中原地区的官僚集团、文人士大夫、世家豪族及普通民众源源不断向江南地域迁徙。春秋战国时，杭州属吴越之地，当地人说话中原人听不懂，称其为"南蛮鴃舌"(《孟子·滕文公上》)。《三国志》亦记"扬、越蛮夷多"。杭州及江南地域的大规模开发,始于三国时代孙吴政权及随后的东晋南朝时期。其时,中原人为躲避战乱,开始大量迁入长江以南地域。唐朝的安史之乱,又进一步加剧中原人口的南迁。钱穆先生认为,就南、北经济发展水平而论,安史之乱是一个分水岭,安史之乱后,江南的富庶和经济发展水平已渐渐超越中原地区,不但出现所谓"扬一益二"(扬指扬州,益指成都),五代十国时江南地区的吴越、南唐等地也均呈现出一派人民殷富的景象。经济重心南移也带来政治重心的南移,这是北宋建都于黄河以南的开封、南宋建都于长江以南杭州的根本原因。经济和政治重心的南移,促成了官僚集团、文人士大夫及世家豪族进一步南迁,带来了江南地区文化的繁盛。南宋之后,在元、明、清三代,江南的考取科举的人数已远远超过北方,即有力证据。从很大程度说,杭州正是在江南地区社会整体水平大幅度上升的土壤上生长出来的一座城市。没有中原移民中包括的官僚集团、文人士大夫及世家豪族的大量进入及由此带来的江南经济、政治、文化繁荣的滋养,杭州的繁荣是绝不可能的。但是,倘若我们进一步追问,历史上中原移民源源不断地南迁是由什么因素促成的?答案很明确,仍然是受到了一波又一波的北方民族不断南下冲击和挤压的结果。由此看来,在中国历史发展的进程中,江南地域的开拓与发展很大程度并不是自主的,而是被迫的,很大程度是受到中华民族交融会聚这一强大力量的推动,是受一波又一波的北方民族的冲击和挤压的结果。从这一意义上说,促成杭州这座城市兴起和繁荣的真正原动力,正是中国历史进程中的民族因素。从"民族"读杭州,这是我们能读到的隐匿于其后的另一个背影。

今天的杭州,作为坐落于江南水乡颇具后现代风格的宜居之城,各民族已高度融合,民族色彩与氛围已隐匿其后,街头已难觅见穿少数民族服饰的景象,这与一些西部尤其是边疆城市截然不同。但让人意想不到的是,这样一座今天看似非常"内地"的城市,却诞生于历史上中华民族交融会聚的巨浪旋涡之中,其兴起与繁荣皆无不由民族因素推动和促成。从此意义说,杭州又何尝不是历史上中华民族交融会聚的一个结晶与见证?

一座未曾经历沧桑、磨难和民族交融会聚的城市,往往缺乏底蕴和包容度,容易流于肤浅和傲慢。今日杭州的高速发展,自然包含有历史的烙印。尽管历史上民族交融会聚的痕迹已渐趋模糊,已掩映于繁华与现代的时代浪潮中,但民族交融会聚所带来的精神、思想和文化气质,作为一种无形财富显然已注入杭州城市的性格之中。谁能说,今日杭州人性格中的沉稳、坚韧与兼容,没有受益于中华民族交融会聚的成分呢?

成都：一个延续两千年的民族协作传统
——成都在汉藏民族交往中的地位与特点

我因为做藏学研究，结识一些藏族朋友。不少西藏的藏族朋友告诉我，他们到北京等地出差办事，只要回到成都，就像回到家一样，有一种很亲切、到家的感觉。进一步询问原因，虽然回答林林总总，但理由不外乎这样几个。第一，成都人不欺生，待人热情友善，无论是到面馆吃面，还是问个路什么的，总是很热情。不会因服饰和语言显示你是藏族人而有任何歧视。第二，他们在成都大多有亲戚朋友或熟人，这颇能让他们对成都这座城市产生一种亲近感。第三，成都东西好吃、种类多，物价不贵（以西藏为参照），物品丰富，应有尽有，生活舒适方便。第四，成都是入藏门户，坐不到两个小时飞机就回家了，所以，回到成都就像到了家门口一样。这是我所接触的藏族朋友对成都带有普遍性的印象和认识。我有一些来自西藏的藏族学生，他们告诉我，近些年，西藏尤其是拉萨的藏族人在成都买房的很多，他们也开始过上"候鸟型"的生活,冬天尤其是春节前后,因成都气候较西藏温暖,于是全家到成都生活一段时间,也享受大都市的繁华生活。开春后,尤其是天气一天天炎热以后,他们又返回家乡。这些都是悄然发生在我们身边的变化。只是我们平时不太留意罢了。成都市人民政府在概括成都"天府文化"特点时,提炼出成都的一个重要特点是"友善包容"。从以上藏族朋友对成都的印象看,这还真不是成都人的自封和自夸,而是很客观、很贴切并受到周边地区及民族普遍认同的特点。那么,成都为什么会形成这样的特点与传统?这个问题很值得深入探究。对一座城市而言,一个传统的形成绝非一蹴而就,也不是几年或几十年的事,往往需要漫长的历史积淀。由此,我想到一个事件,一个发生在成都的延续两千多年的汉藏协作的案例。本文拟对此案例作一分析讨论。虽不能说此案例就是成都的"友善包容"特点与传统形成的决定性因素,但此案例,或许能帮助我们认识成都这座对青藏高原地区有巨大辐射力的大型城市,在汉藏民族传统交往中地位与作用之一斑。

一、民族学家马长寿揭晓两千年"谜底"

古代遗留下来有关成都的记载,最丰富、最具史料价值的史籍,无疑要算《华阳国志》。《华阳国志》按地方志体例撰写,是中国现存最早的一部地方志,可谓中国地方志的"鼻祖"。[1]《华

---

[1] 刘琳:《〈华阳国志〉简论》,《四川大学学报(哲学社会科学版)》1979年第2期。

阳国志·蜀志》对蜀地的记载尤为丰富、翔实，目前我们对公元前316年秦灭蜀以前古蜀国的情况，尤其对"开国何茫然"的古蜀国先王世系的了解和认识，均来于《华阳国志》。新近三星堆发掘取得的一系列令世人惊异的考古发现，对这些考古发现的认识，均有赖于《华阳国志》提供的重要背景和线索。

《华阳国志》成书于晋代。更重要的是，《华阳国志》的作者常璩是蜀人，他是东晋时蜀郡江原人（今成都附近之崇州）。史载他撰著《华阳国志》时，曾"遍读先世遗书"，尤谙熟蜀地及西南之地理、历史及风土社会。[①]我们现在所知晓"成都"这一地名三千多年未变，其依据正是《华阳国志》。所以，《华阳国志》对我们认识和了解成都的历史，是一部极重要且不可或缺的史书。

《华阳国志·蜀志》记叙成都时，提及位于蜀之西（成都之西）岷江上游"汶山郡"，有一条重要记载：

> 夷人冬则避寒入蜀，庸赁自食，夏则避暑反落，岁以为常。[②]

"汶山郡"是汉武帝元鼎六年（前111年）设置的一个郡，主要在岷江上游地区，郡治则在今阿坝藏族羌族自治州茂县县城一带。这条记载说，岷江上游"汶山郡"的"夷人"冬天则"避

---

① 常璩：《〈华阳国志〉校补图注·前言》，任乃强校注，上海古籍出版社，1987，第1页。
② 常璩：《〈华阳国志〉校补图注》卷三《蜀志》，任乃强校注，第184—185页。

寒入蜀,庸赁自食","夏则避暑反落,岁以为常"。《华阳国志》这条记载,被南朝刘宋时范晔所撰《后汉书》完全采纳。《后汉书·南蛮西南夷列传》记:

> (冉駹)夷人冬则避寒,入蜀为佣,夏则违暑,反其邑众。①

从以上两条记载来看,我们可以得出两个认识:第一,《后汉书·南蛮西南夷列传》的记载完全是源自《华阳国志》;第二,二者均记载岷江上游夷人"冬则避寒入蜀","夏则避暑反落",均称"入蜀为佣""庸赁自食"。但他们"庸赁自食"和"入蜀为佣"的具体内容是什么?入蜀后他们具体做什么工作,记载中却只字未提。正因为如此,《华阳国志》和《后汉书》这两条记载,在两千多年中并未受到人们足够的关注和重视。

那么,东汉时期岷江上游"夷人""入蜀为佣""庸赁自食"到底是从事什么营生?这个谜底最终揭晓,是在两千多年后的20世纪上半叶。揭晓此谜底的,是我国著名民族学家马长寿先生。1936—1942年,马长寿多次深入岷江上游嘉绒地区进行田野调查。②此后,因抗战和参与筹建中央博物院工作而滞留于成都,并居住于成都。③这使马长寿不仅对岷江上游嘉绒藏族情况有深入了解,也对成都较为熟悉。基于此背景,马长寿在根据嘉绒藏

---

① 《后汉书》卷六八《南蛮西南夷列传》,中华书局,1965,第2858页。
② 王欣:《马长寿先生的川康民族考察》,《中国边疆史地研究》2013年第4期。
③ 王欣:《马长寿先生与中央博物院(下)》,《西北民族论丛》2015年第1期。

族地区田野调查撰著的《嘉绒民族社会史》中,①专门提及了嘉绒人"入蜀为佣"之情形:

> 汉佣之制,"夷人冬则避寒入蜀为佣,夏则违暑返其邑。"此说常璩《蜀志》亦言之。今日嘉戎尚多如此。每年秋后,嘉戎之民,褐衣左袒,毳冠佩刀,背绳负锤,出灌县西来成都平原。询之,皆为汉人作临时佣工也。其中虽有黑水羌民,然为数无多。按嘉戎佣工精二术,莫与来者:一为凿井,一为砌壁。成都、崇庆、郫、灌之井,大都为此辈凿成。盖成都平原,土质甚厚。井浅则易淤,以深为佳。汉工淘凿无此勇毅。故须嘉戎任之,砌壁更为此族绝技。……所砌壁,坚固整齐。如笔削然,汉匠不能也。②

这段记叙非常重要,其突出价值有以下四点:

第一,确凿证明至20世纪40年代,岷江上游的人季节性到成都做佣工的情形仍然延续。从文中"询之"一语可知,马长寿不仅目睹这些到成都做佣工的人,且对其进行过询问,得知他们是"为汉人作临时佣工"。

第二,首次明确"入蜀为佣"者是岷江上游的嘉绒藏族人。因马长寿刚对岷江上游嘉绒地区进行过为期半年的详细调查,所

---

① 马长寿:《嘉绒民族社会史》,《民族学研究集刊》第4期,收入马长寿著,周伟洲编:《马长寿民族学论集》,人民出版社,2003。
② 马长寿:《嘉绒民族社会史》,马长寿著,周伟洲编:《马长寿民族学论集》,第129页。

以，对于这些人是嘉绒藏族人十分肯定。指出他们中"虽有黑水羌民，然为数无多"。[1]这澄清了过去多以到成都做佣工的人群是羌族的误解。[2]

第三，首次明确嘉绒藏族人到成都所做佣工是"凿井""砌壁"。如果说我们对《华阳国志》和《后汉书》所记岷江上游"夷人""入蜀为佣"具体做什么并不清楚，那么，马长寿这段记叙则提供了明确答案："一为凿井；一为砌壁。"故他们的行头也相对简单："毳冠佩刀，背绳负锤。"

第四，马长寿十分肯定，20世纪40年代嘉绒人季节性到成都作佣工正是《华阳国志》和《后汉书》所记岷江上游"夷人""入蜀为佣"的延续。

马长寿为著名民族学家，尤以民族史研究见长，谙熟民族史料。这段记述中，他一开始即引用《华阳国志》和《后汉书》关于岷江上游"夷人冬则避寒入蜀为佣，夏则违暑反其众邑"的记载，接着即指出"今日嘉绒尚多如此"。这意味着，马长寿十分确定，每年秋后嘉绒藏族人来成都"凿井""砌壁"这一传统，正是史籍所载岷江上游夷人"入蜀为佣"传统的延续。

综上所述，马长寿这段叙述，揭开了一个几乎被人遗忘却在

---

[1] 马长寿：《嘉绒民族社会史》，马长寿著，周伟洲编：《马长寿民族学论集》，第129页。
[2] 任乃强在《〈华阳国志〉校补图注》记："茂汶羌民，直至清末民初，犹有多男女结对入成都平原及川北各地卖药、打井及佣力者。"参见常璩：《〈华阳国志〉校补图注》卷三《蜀志》，任乃强校注，第189页。冯汉骥也认为来成都打井的人群主要是羌人。冯汉骥：《禹生石纽辨》，《川大史学》（冯汉骥卷），四川大学出版社，2006，第19—39页。

成都居民生活中鲜活存在的事实：岷江上游嘉绒藏族人延续两千多年的"入蜀为佣"传统。

二、嘉绒藏族人"入蜀为佣"传统何以延续两千年？

通过前述，我们可以看到，岷江上游地区嘉绒藏族冬季"入蜀为佣"，从事"凿井，砌壁"之佣工，夏季不耐暑热而返回聚邑的传统，从汉代起一直延续到了民国时期，延绵了两千多年，真可谓源远流长。

我们不禁要问，是什么因素使岷江上游人群"入蜀为佣"的传统能延续两千余年？产生这一传统的机制与内涵是什么？

很显然，这一传统得以产生并延续两千余年，必有其特殊的机制与内涵。从诸多线索看，这是一个民族之间相互协作的传统，这一协作传统之所以产生并源远流长，其核心机制应是成都平原地区居民在凿井取水上的需求，同岷江上游地区嘉绒藏族在"凿井""砌壁"上特殊技能的有机结合。大体来说，该传统的形成主要由两方面因素所造成：

第一，在传统农业时代，成都居民日常饮用水主要靠凿井取水，但成都平原是一个巨大的冲积平原，其泥沙夹卵石的特殊地质结构对凿井提出了极高技术要求。

富饶且沃野千里的成都平原，是数千万年以来在来自青藏高原的岷江、沱江等河流冲击下形成的巨大冲积平原。[①]在这样的

---

① 钱洪、唐荣昌：《成都平原的形成与演化》，《四川地震》1997年第3期。

冲积平原地区，几乎没有任何山泉水可以利用。唯一取水方式，就是凿井取地下水。所以，在没有自来水以前的漫长的传统农业时代，成都平原居民日常生活所需饮用水主要依靠地下水，故凿井取水，成为成都平原居民日常生活的一件大事。但是，由于成都平原的地层主要是泥沙夹卵石的地质结构，在这样的地质结构下凿井取水，面临一个难题。首先，如果井打得浅，很容易被地层中渗出的泥沙淤堵，井的寿命会很短。如马长寿所言："盖成都平原，土质甚厚，井浅则易淤，以深为佳。"[1]因此，过去成都的井，主要是深井。今成都市正通顺街原巴金故居附近，尚有一口作为文物遗迹保留下来的井，名曰"双眼井"。井口的直径不大，不到1米，但是井的深度却令人咋舌——至少有10米。要把井打得深，就面临一个很大难题，由于泥沙夹卵石的地质结构，井如果打得很深，井壁很容易垮塌。所以，如何在打深井的情况下能够砌出坚固、结实的井壁，就成为成都平原打一口井成功与否的关键。

第二个因素，自汉代以来岷江上游嘉绒藏族及其先民拥有建造碉楼的精湛砌石绝技。

《后汉书·南蛮西南夷列传》在记载东汉时岷江上游冉駹夷时云：

冉駹夷者，武帝所开，元鼎六年以为汶山郡。……皆依

---

[1] 马长寿：《嘉绒民族社会史》，载马长寿著，周伟洲编：《马长寿民族学论集》，第129页。

> 山居止，累石为室，高者至十余丈，为邛笼。

这里所说"累石为室，高者至十余丈"的"邛笼"，正是今广泛分布于嘉绒地区的碉楼。[①]这也是汉文史籍中最早关于青藏高原碉楼的记载。此记载说明，至少东汉时期岷江上游的冉駹夷已有建碉楼的传统，当然也产生了与之相应的砌石技术。需要注意的是，《华阳国志》和《后汉书》所记"入蜀为佣"者，均是在"汶山郡"的条目下。[②]史籍也明确记载，汉武帝元鼎六年（前111年）在冉駹夷地界设"汶山郡"。[③]既然《后汉书·南蛮西南夷列传》明确记载，建"累石为室，高者至十余丈"之"邛笼"的正是冉駹夷，那么，我们可以肯定，当时岷江上游"入蜀为佣"者，正是有着建"邛笼"传统的冉駹夷人。

"入蜀为佣"者是有着建造"邛笼"传统的冉駹夷人之事实，尚可由以下两点得到有力印证：

其一，1942年马长寿通过对嘉绒地区为期半年的调查，进一步确认史籍所载"冉駹地理环境，与今嘉绒区全合"，[④]从而得出"古之冉駹"即"今之嘉绒"的认识，并确定他们正是建造碉楼

---

① 石硕：《"邛笼"解读》，《民族研究》2010年第6期。
② 参见常璩：《〈华阳国志〉校补图注》卷三《蜀志》，任乃强校注，第184页；《后汉书》卷六八《南蛮西南夷列传》，第2857页。
③ 参见《史记》卷一一六《西南夷列传》，中华书局，1959年，第2997页；常璩：《〈华阳国志〉校补图注》卷三《蜀志》，任乃强校注，第184页；《后汉书》卷六八《南蛮西南夷列传》，第2857页。
④ 马长寿：《嘉绒民族社会史》，载马长寿著，周伟洲编：《马长寿民族学论集》，第128页。

的人群：

> 今四川茂、汶、理三县，以岷江为界，自岷江以东多为屋宇，以西多碉楼。且愈西而碉楼愈多，从杂谷脑至大、小金川，凡嘉戎居住之区，无不以碉楼为其建筑之特征。大体言之，碉楼的分布与嘉戎的分布是一致的。①

其二，笔者在做青藏高原地区碉楼的整体调查与研究时，发现一个重要现象：岷江上游嘉绒藏族地区是迄今整个青藏高原范围碉楼建造最为普遍和发达的地区。嘉绒地区不仅碉楼分布最为密集，也是数量、类型最多的地区。从造型上看，嘉绒地区碉楼从三角、四角、五角、六角、八角、十二角到十三角均有，具备了碉楼的所有类型。从功能看，则分别有家碉、寨碉、战碉、经堂碉等，按当地民间说法还有公碉、母碉、阴阳碉（风水碉）、姊妹碉、房中碉等。②从碉楼分布的密集程度看，嘉绒地区亦堪称青藏高原之最。从碉楼数量看，嘉绒地区也是目前青藏高原保留碉楼最多的地区，属于嘉绒地区的甘孜藏族自治州丹巴县，因保留有碉楼562座，被人们誉为"千碉之国"。③

综上可以肯定，《华阳国志》《后汉书》所记岷江上游地区季节性"入蜀为佣"者，正是冉駹部落的夷人。从《后汉书》关于"邛笼"的记载看，在东汉时今嘉绒藏族的先民冉駹人已经有建

---

① 马长寿：《氐与羌》，上海人民出版社，1984，第27页。
② 石硕等：《青藏高原碉楼研究》，中国社会科学出版社，2012。
③ 杨嘉铭：《丹巴古碉建筑文化综览》，《中国藏学》2004年第2期。

碉楼("邛笼")的传统。要建"高者至十余丈"的碉楼,必有高超的石砌技术。至此,我们不难明白,东汉时岷江上游冉駹夷人是凭借什么样的特殊技能"入蜀为佣"。从民国时马长寿记嘉绒藏族人季节性"入蜀为佣"主要是"凿井""砌壁"来看,他们正是凭借精湛的石砌绝技,从事与打井相关的工作。

岷江上游地区石砌技术有多厉害,对当地砌石绝技做过深入调查的任乃强曾有如下描述:

> 康番各种工业,皆无足观。唯砌乱石墙之工作独巧。"番寨子"高数丈,厚数尺之碉墙,什九皆用乱石砌成。此等乱石,即通常山坡之破石乱砾,大小方圆,并无定式。有专门砌墙之番,不用斧凿锤钻,但凭双手一兜,将此等乱石,集取一处,随意砌叠,大小长短,各得其宜;其缝隙用土泥调水填糊,太空处支以小石,不引绳墨,能使圆如规,方如矩,直如矢,垂直地表,不稍倾畸。……此种乱石高墙,且能耐久不坏,……历经地震未圮,前年丹巴大地震,仅损上端一角,诚奇技也。[①]

其实,在整个川西高原地区,不仅仅是碉楼,当地高达数层的民居建筑等,均是用乱石块砌成。当地工匠,诚如任乃强所说:"随意砌叠,大小长短,各得其宜;其缝隙用土泥调水填糊,太

---

① 任乃强著,西藏社会科学院整理:《西康图经·民俗篇》,西藏藏文古籍出版社,2000,第252—254页。

131

空处支以小石，不引绳墨，能使圆如规，方如矩，直如矢，垂直地表，不稍倾畸。"但最能体现精湛石砌绝技的无疑是碉楼的建造。有两个例子可以印证当地砌石绝技达到的精湛程度与水平。

其一，今大渡河上游属于嘉绒地区的金川县马尔邦镇，屹立着一座高达49.8米碉楼，是迄今青藏高原地区留存下来的最高的碉楼，号称"碉王"。大渡河处于横断山区鲜水河地质断裂带，是地震频发区。马尔邦碉王，能在此地震断裂带上巍然屹立达数百年，足证其精湛砌石绝技非同寻常。

其二，2008年在震惊世界的"5·12"汶川大地震中，呈现了一个让人惊异的事实。近十余年，随着旅游业强劲发展，为进一步吸引游客，增加人文氛围，人们在一些存在古代碉楼的景点又新建了一些现代碉楼，这是现代人用石块砌筑的碉楼。但是，这一类新造碉楼在"5·12"大地震中大多垮塌了。形成鲜明对比的是，唯古代遗留下来的碉楼，除个别上部受损以外，则大多完好。这充分印证了任乃强"历经地震未圮，前年丹巴大地震，仅损上端一角，诚奇技也"之言。也说明在现代科技十分发达的今天，古人建造碉楼的精湛砌石绝技仍令现代人难以望其项背。

当地精湛的砌石绝技正是东汉以来在建碉楼的传统下孕育和发展起来，并臻于登峰造极。多年前，我在川西高原调查碉楼时，一位老人告诉我，建碉楼可不是一般人所能为，一寨之中或方圆几十里内仅有一两位这样身怀绝技的工匠，他们绝技大多是父子或师徒相传，行内有很多行规和秘诀，通常要几十年工夫才能学成。半个世纪前，康藏研究著名学者任乃强充分意识到当地石砌绝技在中国建筑史上的独特价值与地位，将之称作中国建筑之"叠石奇技"。①

两千多年前,身怀砌石绝技的岷江上游冉駹夷人开始季节性下到成都平原,用其精湛砌石绝技为成都平原居民从事凿井、砌壁的工作。他们成功解决了在泥沙夹卵石地层中开凿深井之难题,用精湛砌石绝技砌出深达10米、下大上小的坚固井壁,解决了成都平原居民凿井取水之难题。正如马长寿所说,他们的砌石绝技为"汉匠不能也"。②岷江上游嘉绒藏族人季节性来成都平原"凿井""砌壁",覆盖地域甚广,如马长寿所说"成都、崇庆、郫、灌之井,大都为此辈凿成"。③这意味着他们凿井、砌壁范围覆盖整个成都平原地区。此外,井的使用是有寿命的,一口井用上数年后,其出水量会下降或渐渐干涸,需要进行疏淘,或开凿新井。当然,也不排除他们亦常以砌壁之绝技为成都平原居民做地面砌墙之类的工作。总之,从马长寿记民国时嘉绒藏族来看,在成都的行头是"氆冠佩刀,背绳负锤",他们的主要工作是"凿井""砌壁"。从"褐衣左袒"的衣着特征来看,他们无疑属于藏族。

综上所述,在成都的发展历史中,存在一个长达两千多年的汉藏民族协作传统。正是马长寿对民国时期嘉绒藏族人秋后"入蜀为佣"的记叙,为我们揭示了这段几乎被湮没的历史。这段历

---

① 任乃强著,西藏社会科学院整理:《西康图经·民俗篇》,第252页。
② 马长寿:《嘉绒民族社会史》,载马长寿著,周伟洲编:《马长寿民族学论集》,第129页。
③ 马长寿:《嘉绒民族社会史》,载马长寿著,周伟洲编:《马长寿民族学论集》,第129页。

史清晰地告诉我们，两千多年来，岷江上游的嘉绒藏族人不仅用他们精湛的砌石绝技建造起众多堪称世界文化遗产的碉楼，[1]同时也以精湛砌石绝技造福于成都平原居民的凿井取水，书写了汉藏民族协作的佳话。从此意义说，被任乃强称作"叠石奇技"的精湛砌石绝技，其应用范围远不止于岷江上游地区，它不仅建造了当地众多碉楼，也构筑了两千多年成都平原的地下井壁，造福了成都平原居民的饮用水。可以说，两千多年来，嘉绒藏族人以精湛砌石绝技实际上建造了两座"碉楼"，一是地上碉楼；二是成都平原的"地下井壁"。二者有两个共同点，均下大上小，均为嘉绒藏族人及其先民精湛砌石绝技之杰作。

三、成都：汉藏民族和谐共享之城

毫无疑问，成都居民与岷江上游地区藏族之间这种跨越两千多年、源远流长的互助协作传统，正是我们理解成都"友善包容"特点的重要角度之一。这一互助协作传统，不但反映汉藏民族之间的彼此需要与协助，也蕴含了汉藏民族之间交流交往的深厚历史积淀。

两千多年过去了。今天，在新的时代背景和社会条件下，我们欣喜地看到，成都与青藏高原各民族之间互助协作的传统，仍以新的形式和内容不断延续和扩大。例如，令很多人意想不到的

---

[1] 青藏高原碉楼已被中国政府正式列入申报世界文化遗产预备名录。参见石硕等：《青藏高原碉楼研究》，中国社会科学出版社，2012，第3页。

是，在青藏高原地区使用最多、最重要的礼仪商品——哈达，几乎绝大部分都是在成都平原的崇州、邛崃等地生产的，再发往涉藏五省区销售。此外，再进一步深入了解，我们会发现，目前销往藏区的许多物品，包括藏式图案的地毯、各类寺院所需宗教用品、藏式风格的文案用品、工艺品、旅游用品以及藏文图书及各类印刷品，都是在成都平原地区生产，再运往青藏高原各地销售。这些企业的老板，绝大部分是来自青藏高原的藏族年轻人，他们不仅在当地有广泛的人脉和销售渠道，同时有很多成都本地汉族朋友作为合伙人。我曾询问过其中一些年轻民营企业家，在成都地区生产面向家乡销售的商品有什么优势和好处，他们的回答虽各有侧重，但有一共同点，都提到一个关键——成都容易聘请到各类专业人才。比如，很多产品的设计和生产环节，已经离不开电脑，但在涉藏地区很难找到电脑方面的专业人才，而在成都，电脑专业人才不仅多，而且水平一流，聘请成本也相对低。这让我想到了一点，从两千多年前的汉代起，岷江上游嘉绒藏族的先民正是凭借建造"高者至十余丈"的碉楼所练成的精湛砌石绝技来成都平原"凿井""砌壁"，解决了"汉匠不能"的深井砌壁难题，造福了成都平原的居民；在两千多年后的今天，生产面向青藏高原商品的企业大量落户成都平原，同样是要借助成都地区的技术与人才优势，来助推和繁荣青藏高原地区的商品经济与社会发展，造福藏族人民。这一现象蕴含着一个深刻道理，成都平原与青藏高原之间从来就是取长补短、优势互补、相互需要、相互依存，并在此基础上形成源远流长的互助协作传统。

事实上，在中国历史上，各民族之间在生计即经济上因相互协作所产生的共同性至为重要。"民以食为本",各民族在经济生活上的相互联系、彼此依存,始终是民族之间产生凝聚力、形成交往交流的核心内容和主要驱动力。马长寿在谈到民族融合时指出:"融合不但是外表的生活样式的变动,更重要的是有着共同的经济生活。"①

今天,在中国西部靠近民族地区的昆明、成都、西宁和兰州四大省会城市中,成都已成为向民族地区尤其是青藏高原地区辐射力最强、影响最大的城市,成为青藏高原地区以藏族为主的各民族选择退养、居住、就医、观光购物以及年轻人求学、创业实现梦想及享受现代都市生活的主要目的地。成都出现了除拉萨之外销售藏式工艺品、宗教用品的最大商业街——武侯祠商业街,也形成"大分散、小聚居"的诸多藏族人居住社区,如武侯祠、双楠、茶店子、营门口等地,青藏高原地区的藏族人往往按不同地望、籍贯结伴居住。藏语有卫藏、安多和康巴三大方言区,因成都集中了来自各个方言区的人,藏族人内部遂将成都戏称为藏语"第四大方言区"。都江堰成为阿坝藏族羌族自治州的后院,从阿坝藏族羌族自治州移居都江堰的人自嘲为"十三军"(因阿坝州共有十三个县,故名),当地人也亲切地以此称呼他们,此称谓带有四川人特有的幽默意味。成都双流(原为县,现为双流区)因是甘孜藏族自治州移居成都的集中居住地,甘孜人遂将双流戏称为甘孜州"第十九个县"。除此之外,在成都周边的温江、崇州、邛崃、郫都等地,都居住着大量来自西藏、青海、甘肃乃

---

① 马长寿:《乌桓与鲜卑》,广西师范大学出版社,2006,第4页。

至云南迪庆的藏族人，他们往往三五成群集中购房居住，或是选择"候鸟型"居住模式。成都及其周边平原地区之所以受到青藏高原地区以藏族为主的各民族青睐，成为其退养、居住、求学、创业、就医乃至观光购物、享受现代都市生活的主要目的地，除了气候温暖、经济发达、生活舒适等特点，也与成都人自来乐观幽默，对少数民族同胞包容友善的传统密切相关。这种历史传统与人文禀赋，使成都受到青藏高原地区以藏族为主各民族的高度认同与青睐。我国在民族方面一直遵循一个原则，即"各民族共同团结奋斗，共同繁荣发展"。各民族共同奋斗，共享社会发展与繁荣成果，正是我党民族政策的基本方针。

成都平原居民同青藏高原藏族先民间延续两千多年的协作互补，是民族"共享"的一个典型案例。这是成都"包容友善"特点形成的重要原因之一，同时也是现今成都受到青藏高原以藏族为主的各民族认同与青睐，形成普遍"共享"的重要缘由。

如何分辨"历史"与"历史学"

最近（2021年）辞世的历史学家章开沅先生给我们留下了两句隽永的话：

> 历史是画上句号的过去，
> 史学是永无止境的远航。

这样的话，绝不是一般人可以随随便便说出来的。我想，这应是章开沅先生毕生接触历史、研究历史的深刻感悟。但凡接触历史或研究历史的人，首先遇到的问题，便是如何分辨"历史"与"历史学"，这是一个很难的问题。历史既然是"画上句号的过去"，我们肯定是回不到"过去"了，这毋庸置疑。那么，我们为什么要了解已经"画上句号"且回不去的历史呢？这有诸多动因，最原始的动因是好奇心驱使。古希腊哲学家柏拉图曾就人类的根源性意识提出三个原问：1."我从哪里来？"2."我是谁?"3."我到哪里去?"要回答第一个问题,唯有从历史中寻找答案。第二个动因是,我们的今天并不是凭空而来,也不是突兀产生的,而是历史的延续与发展。所以,要认识"今天",认识当今我们所处的现实世界,搞清楚"我是谁",就必须了解"昨天",了解历史。这正是古人所言"鉴古知今"的道理。

所以,了解历史,认识"过去",一是出自人类好奇之本能,二是能帮助我们弄清楚今天所处的现实世界。就这两点而言,前一点是自然之本能,是受好奇心驱使,没有功利性;后一点则不然,是为了认识和理解我们生活其中的现实而产生。事实上,对人而言,出自本能的好奇同下意识出于某种目的,两者常常很难截然分开,这就像人们面对美味,是因为好吃而吃,还是因为对身体有益而吃,两者实际上是很难分清楚一样。历史对于我们每个人的意义,有如你开始成为一个社会人的时候,会不自觉地和本能地对你父母的历史、他们的婚姻、父亲和母亲家族的历史发生兴趣一样,而当你了解了这些和你个人息息相关的父母以及父母家族的历史之后,你对你个人在社会中的位置、特点、优势或劣势就有了一些认识。这些认识会帮助你渐渐形成你同社会之间的关系的认知。所以,"历史"对我们每个人都不陌生。了解和认识"画上句号的"历史,无论对于个人,还是对于一个国家与一个民族,既是本能,也是需要。

但是,当人们想要了解历史的时候,会发现一个事实:历史的复杂性远远超乎我们的想象。个人的历史也许比较简单,尽管如此,你从妈妈、外婆抑或爸爸、奶奶处了解的关于你的历史可能并不一样,某些细节甚至关键环节存在出入或抵牾,孰是孰非，难以判断。真如常言道："公说公有理，婆说婆有理。"若是关于国家与民族的历史，情况就会更复杂。一个事件、一个人物、一个制度，均可能出现众说纷纭的局面。更棘手的是，对一个事件意义的阐释，对一个人物前后的变化，乃至对支配其行为的思想根源的解读，等等，许多方面都会有不同的声音、不同的书写和叙述。而这些不同的书写和叙述往往林林总总，让人目不暇接。更要命的是，各家的阐释与解读看上去都颇有一番道理，皆有根有据，可自圆其说，这就更让人无所适从了。尽管这些不同的叙述与阐释，会丰富和加深我们对某一问题的认识，但也时常给我们带来困惑，促使我们不得不对该问题做更深入的思考和钻研。这就是章开沅先生所说的"史学"，即对历史的研究、认识与理解而形成的学问。

历史是死的，是"画上句号的过去"。但史学即人们对历史的认识、理解和阐释却是活的，没有止境。所以，章开沅说"史学是永无止境的远航"。人们对历史、对"画上句号的过去"的认识、理解和阐释会一代代地延续和发展，并带给我们审时度势的眼光与智慧，让我们能"鉴古知今"，读懂大势，更好地把握和认清现实与未来。这大约正是史学的无穷魅力所在。

所以，尽管历史与历史学密不可分，但二者显然不是一回事。前者是已经"画上句号的过去"，是死的；后者则是对历史的阐释，是活的，并会代代延续。我想，无论是专业人士，还是普通想要阅读历史的人，在接触和学习历史之前，都首先需要建立分辨历史与历史学的意识与自觉。这是避免在"历史"这个汪洋大海中陷于迷茫、混乱和无所适从的关键。正确的做法是，首先弄清楚历史的事实是什么？这正如罗素在留给后人的一段视频中所言：

> 不管你在研究什么事物，还是在思考任何观点，只问你自己，事实是什么？以及这些事实所证实的真理是什么？永远不要让自己被自己所更愿意相信的，或者认为人们相信了会对社会更加有益的东西所影响。只是单单地去审视，什么才是事实。

有了这个基础之后，再去收罗和关注人们对这一事实的看法。唯其如此，你对前人有关这一事实的看法才能有一个基本的鉴别与判断，不至于陷入迷茫、盲从或无所适从，也不致人云亦云而失去了方向。

所以，在对历史的认识与研究中，最重要、最基础性的一步，是首先搞清楚历史事实是什么。没有这一步，一切都是虚妄，都似是而非，有关历史的一切认识和研究都建立在松软的沙滩上。

大体上说，认识历史，有两个绝对不能颠倒的顺序与步骤：

其一，穷尽所有你要弄清和研究事物的原始材料。这样做的目的，是要最大限度地弄清楚有关你关心事物的历史事实是什么。

第二，穷尽你关心事物的所有前人的相关研究。这会大大拓展、丰富和加深你对所关心事物的理解与认识。

这两个"穷尽"的顺序与步骤绝不能颠倒，更不能在"穷尽"上偷工减料，否则你的做事或学问就必是"半吊子"。注意，第一个"穷尽"是要弄清楚历史事实是什么。虽然原始材料所反映的不一定都是"历史事实"，其中有出入、差异，也有矛盾、抵牾，甚至让我们陷于迷思且不甚了了，但无论如何，原始材料却是我们接近和通向事实真相的唯一途径。第二个"穷尽"，属于历史学的范畴，有许多学理的分析阐释，前人的论说与看法，这会拓宽我们的视野，丰富我们看问题的角度，从而提升和深化对我们所关心事物的理解与认识。

需要注意，我用的是"穷尽"，这是一个很极端的词。从客观上说，某一件事要做到"穷尽"——"穷尽"某方面的材料，"穷尽"某方面的阅读——是有很大难度的，客观上常常未必能真正做到。但之所以要用"穷尽"一词，意在强调一种主观，强调主观上要有将事情做到最大极限之意志与决心。很多事，只要主观上有"穷尽"之意志、决心，并付出"穷尽"之力，客观上是否"穷尽"，其实已经不重要了。

传说与历史记忆：主体人群与边疆人群如何"与共"？
——从"庄蹻王滇"和"打箭炉"说起

一

徐旭生的《中国古史的传说时代》一书旨在揭开笼罩于层层迷雾中的中国上古历史真相，也让我们明白了一个道理：在文字产生前的人类幼年期，传说是承载人们历史记忆和主观表达的重要方式。[①]在文字产生和流行后，传说虽然作用大为下降，却并未消失，依旧活跃于不谙文字且远离史籍文献的普通民众生活层面，发挥着承载历史记忆和整合文化的重要功能。不过，一个显著变化是文字产生之后，在居主导地位的文字记录与史籍文献系统中，民间传说与历史记忆开始受到忽视、冷落或排斥，原因是

---

① 徐旭生：《中国古史的传说时代》，科学出版社，1960年，第19—36页。

它们包含了大量的主观建构成分。司马迁在《史记》中有这样一段议论：

>　　学者多称五帝，尚矣。然《尚书》独载尧以来；而百家言黄帝，其文不雅驯，荐绅先生难言之。①

这里，司马迁把"雅驯"（"驯"通"训"）与否，作为材料取舍的一个标准。司马迁心目中"雅驯"的具体标准为何，两千多年后我们已不得而知。仅就字面揣测，"雅"对应的是"下里巴人"，即"齐东野语"；"训"对应的自然是"言语不顺"，即那些不合情理、逻辑上难以自洽的说法。②司马迁在《史记》中所提出的"雅驯"原则，说明远在两千多年前的西汉时期，有着官方及王朝背景的正统史学已同民间的"齐东野语"有了分野。

以"雅驯"与否来判断史实真确与否，仍是一件很主观、很危险的事。例如，司马迁在《史记·西南夷列传》中，破例从民间传说中采撷一说，即"庄蹻王滇"：

>　　始楚威王时，使将军庄蹻将兵循江上，略巴、黔中以西。庄蹻者，故楚庄王苗裔也。蹻至滇池，地方三百里，旁平地，肥饶数千里，以兵威定属楚。欲归报，会秦击夺楚巴、黔中郡，道塞不通，因还，以其众王滇，变服，从其

---

① 《史记》卷一《五帝本纪》，第46页。
② 《说文解字》云："训，说教也。从言，川声。""川"声，也包含字义。"川"有贯通、理顺之意。"训"之本意，指用言语让人和事变得通顺、合理。

俗，以长之。①

"庄蹻王滇"是否为真实史实，难以确断，目前学界有两种截然对立的意见。一种意见是坚决否定②，以著名史学家蒙文通先生的《庄蹻王滇辨》一文最具代表性。该文是史学论文中一篇罕见的力作，其考证之精密、材料之宏富、视野思路之开阔、见识之高明，均堪称圭臬。③我常将此文作为经典范文让学生精读、讨论，对学生进行学术熏陶和训练。蒙文通先生经过严密考证，得出的结论是对"庄蹻王滇"的否定。其最重要的理由，是此事完全不见于先秦诸子的记载，为《史记》首载，后世文献多加沿袭并有所讨论。另一种意见认为，此事既然出自《史记·西南夷列传》，且司马迁本人到过西南夷地区，那么当有所依据。我曾问过不少云南做民族史研究的朋友对"庄蹻王滇"的看法，他们大多相信，但问及理由，却说不出子丑寅卯。

不排除一种可能，"庄蹻王滇"只是当时存在于民间的一种传说，真假无法知道，《史记·西南夷列传》将之作为史实记载，是因为其内容符合司马迁的"雅训"原则。葛兆光指出，司马迁在大一统的西汉写的《史记》，"就把中国各个地方、各个文化的人，都写成同气连枝的一个大家族"。又说："从《史记》以来，中国历史学就开创了一个'以中央王朝为中心，以周边四裔为附

---

① 《史记》卷一一六《西南夷列传》，第2993页。
② 苏勃：《试析庄蹻王滇的历史记忆》，徐晓旭、王大庆主编：《新世界史》第2辑，社会科学文献出版社，2018年。
③ 蒙文通：《庄蹻王滇辨》，《四川大学学报（社会科学版）》1963年第1期。

庸'的传统。"①这实为洞见。事实上，从《史记》开始，到随后的《汉书》《后汉书》，它们在记叙周边四裔时，大多称其先祖为华夏支庶、炎黄余脉。《史记·匈奴列传》："匈奴，其先祖夏后氏之苗裔也。"《史记·楚世家》："楚之先祖出自帝颛顼高阳。高阳者，黄帝之孙，昌意之子也。"《史记·越王勾践世家》："越王勾践，其先禹之苗裔，而夏后帝少康之庶子也。"《后汉书·西羌传》："西羌之本，出自三苗，姜姓之别也。"②"庄蹻王滇"传说因符合司马迁"把中国各个地方、各个文化的人，都写成同气连枝的一个大家族"的思想框架与叙述体系，被《史记》吸纳，不足为怪。由此足见司马迁选取史料的"雅训"标准，包含了"以中央王朝为中心"的观念。

尽管目前尚难以对"庄蹻王滇"的真伪作出实质性判断，但有一点确定无疑，它绝不可能出于司马迁本人的杜撰。因此，《史记·西南夷列传》对"庄蹻王滇"的记载，有一个重要的历史价值——不管"庄蹻王滇"是真是假，或许只是一种传说，其产生的土壤和社会背景都无疑是真实可靠的，透露了历史的真实。若从这一角度与背景来理解，"庄蹻王滇"就呈现了一个重要的事实——在秦汉大一统时代，至少在司马迁写《史记》以前，西汉王朝主体人群同边疆人群之间已经存在"与共"的愿望。"庄蹻王滇"所体现的正是这种"与共"的愿望。

---

① 葛兆光：《声回响转》，四川人民出版社，2020年，第12、16页。
② 参见《史记》卷一一〇《匈奴列传》，第2879页；《史记》卷四〇《楚世家》，第1689页；《史记》卷四一《越王勾践世家》，第1739页；《史记》卷一一四《东越列传》，第2979页；《后汉书》卷八七《西羌传》，第2869页等。

传说与历史记忆：主体人群与边疆人群如何"与共"？

研究华夏边缘的学者王明珂有一篇论文，是讨论王朝主体人群同边缘人群之间的互动。他指出，边缘人群普遍存在一种对王朝的主动"攀附"①，亦即边缘人群往往存在主动与王朝主体人群"与共"即与之发生关联的愿望和行为。常言说，一个巴掌拍不响。事实上，在王朝主体人群同边缘人群"与共"即寻求关联性的过程中，除了边疆人群的"攀附"，还存在另一种与之相对应的源自中央王朝主体人群的"与共"力量，我们姑且将之称作"分配"。例如《史记》《汉书》《后汉书》记载周边四裔时，多称其先祖为华夏支庶、炎黄余脉，即这些记载不能排除包含中原主体人群期望同周边四裔"与共"之"分配"的因素。②显然，在秦汉大一统时代，王朝主体人群同边疆人群之间"与共"的愿望和动机理应是双向的，无论是边缘人群出于对主体人群社会文化的仰慕而产生的"攀附"，还是伴随统一王朝不断向周边开疆拓土而来的主体人群期望与边疆人群发生的关联的"分配"，均是其时缔造、巩固大一统局面之时代趋势的有机组成部分，也折射出当时王朝主体人群向边疆流动的文化需要。至于"庄蹻王滇"故事是出自主体人群还是滇地的人群，因无材料，尚无法作明确判断。不过，从《史记·西南夷列传》记载的西南夷中夜郎和滇国分别向汉朝使臣提出"夜郎与汉，孰大？""滇与汉，孰大？"③

---

① 王明珂：《论攀附——近代炎黄子孙国族建构的古代基础》，《"中央研究院"历史语言研究所集刊》第73本第3分，2002年，第583页。
② 参见《史记》卷一一〇《匈奴列传》，第2879页；《史记》卷四〇《楚世家》，第1689页；《史记》卷四一《越王勾践世家》，第1739页；《史记》卷一一四《东越列传》，第2979页；《后汉书》卷八七《西羌传》，第2869页等。
③《史记》卷一一六《西南夷列传》，第2993页。

147

这样的问题看，夜郎和滇对于汉的了解显然不及汉对于夜郎和滇的了解。从这一背景看，"庄蹻王滇"如果仅仅是一种传说，那么，其出自王朝主体人群的可能性显然大于其出自滇人的可能性。无论如何，即便"庄蹻王滇"只是当时存在的一种传说，那么，这个传说也确凿地证明了一个历史事实：在秦汉实现大一统之后，主体人群希望同边疆人群"与共"、希望与之建立关联的愿望及产生此愿望的土壤和社会背景业已存在。

司马迁写《史记》之时，西汉统一局面已持续百余年。在和平、统一的环境中，不同文化、不同地域的人群希望彼此建立关联，形成"共同性"的愿望已普遍存在。其实，政治、军事的整合固然是大一统的基础，但对大一统局面的维系来说，不同文化、不同地域的人群是否有彼此"与共"的需求和愿望，彼此间是否形成文化上的关联性，才是更为关键的因素。田余庆先生曾提出一个著名观点："文化才是中国统一真正的凝固剂。"[①]这是深刻洞悉中国历史之睿见。换言之，统一局面虽多由政治、军事的措施促成，但其维系要仰赖于文化。在统一局面中，不同地域、不同文化，尤其是主体人群同边疆人群寻求"与共"、寻求关联性的需求和愿望，正是大一统的基本特征。通过"与共"，创造不同地域、不同文化、不同信仰人群的共同历史记忆、共同符号与共同文化，是大一统环境中人们的基本诉求，也是大一统文化的重要特点。

---

① 田余庆：《中国古代史上的国家统一问题》，国家图书馆编：《部级领导干部历史文化讲座·史鉴卷》，北京图书馆出版社，2008年。

有一个不可忽视的人之常情：如果素不相识的人因某种机缘变成了邻居，那么他们无论是楼道偶遇还是相互串门，彼此的交谈交流，一定是寻找双方共同的话题，寻找共同性，亦即"与共"；一般来说绝不会是自说自话，各自强调自己的独特和不同。只有充分释放"求同"意愿，邻里关系才会朝着融洽友好、对双方有利的方向发展。不同地域、不同文化以及不同人群之间的交往何尝不是如此？清代前期设置川陕总督，川陕同为一个行政区，这使陕西回族商人大量进入康区经商。因为和藏族人做生意，回族商人不仅努力学习藏语，而且在进入藏族人的村寨之前，往往会有意识地摘下白帽子，其目的只有一个——尽量同藏族人"与共"。所以，无论是人与人之间，民族与民族之间，抑或不同地域人群之间，在交往过程中"与共"和"求同存异"，是一种下意识和普遍的原则，其中蕴含高超的智慧。

"与共"的路径当然是与交往对象建立关联性。在这方面，传说和故事往往成为人们的最佳选择。原因是，传说和故事利于传播，开辟自由想象的空间，而且人们在这个空间里可以充分表达主观诉求和愿望，构建起"与共"的历史记忆。"庄蹻王滇"倘若并非史实，而只是主体人群寄托愿望并希望同地处边缘的滇人发生关联的一种传说，就极可能是在这样的社会背景和动机下被创造出来。它不仅体现了主体人群与边疆人群建立关联性的愿望，更反映了双方"与共"的历史真实。从此角度，我们似有理由认为，"庄蹻王滇"极可能是源自汉朝主体人群的一种传说。

归根到底，上述看法只是依据时代背景作的推测。因"庄蹻王滇"一事年代久远，记叙简略，我们已难得出更多实质性的认

149

识。清代,一个同样发生于华夏边缘的传说,对于我们认识"庄蹻王滇"的历史内涵,或许能提供某种借鉴和佐证。

二

位于四川大渡河西岸的康定市(甘孜藏族自治州的首府),是介于汉藏之间的一座著名边城。它因处于成都平原通往康区和西藏的交通咽喉,于清代即开始成为汉藏之间政治、经济和文化交往的要冲与连接枢纽。康定,旧称"打箭炉"。从1708—1908年,该地名存在了两百年,清代文献中普遍称之为"打箭炉"。[①]关于打箭炉的得名,康熙四十七年(1708年)《圣祖仁皇帝御制泸定桥碑记》称:

> 打箭炉未详所始,蜀人传汉诸葛武乡侯亮铸军器于此,故名。[②]

就是说,据蜀人的传说,打箭炉因诸葛亮铸军器而得名。诸葛亮本人当然不会亲自前往,而是派麾下一位名叫郭达的将军前往当地造箭,于是打箭炉城郊遂有郭达将军造箭的"郭达山",城中也有祭拜郭达将军的"郭达将军庙"。让人称奇的是,从清末到民国时期,在该传说的基础上,打箭炉城中形成一年一度盛大的

[①] "打箭炉"地名始见于康熙四十七年(1708),清雍正八年(1730年)设"打箭炉厅",1908年改"康定府"。

[②] 松筠:《卫藏通志》,西藏人民出版社,1982年,第133页。

"将军会"。举行"将军会"的日期是每年的农历六月十五日,传说这一天是郭达将军的生日。民国时期的文献《西康纪要》对"将军会"的盛况有如下记载:

> 是日将军行身出驾。笙箫鼓乐,旗锣幡伞,扮高桩,演平台,以及各种游戏,装鬼扮神,陆离满目,绕场过市,万人空巷,亦一时之壮观也。①

《康定县志》记载:

> 农历六月十五日,相传为郭达将军生日,藏、汉群众都虔诚信仰,尤以藏族信者为多。②

有趣的是,这一切均建立在看似颇为荒诞的主观建构基础上。其实,发音为"打箭炉"的地名在明代的文献中已经出现,不过当时并不写作"打箭炉",而是写作"打煎炉"和"打折卢"。③从

---

① 杨仲华:《西康纪要》,第459页。
② 四川康定县志编撰委员会:《康定县志》,四川辞书出版社,1995年,第464页。
③ 《明太祖实录》卷一四六洪武十五年七月乙卯条记:"故四川分省左丞相剌瓦蒙遣理问高惟善等,自西番打煎炉长河西来朝,上故元所授银印。诏赐文绮四匹,帛如之,钞二十锭,衣一袭。"《明史》卷三三一《长河西鱼通宁远宣慰司》亦载:"洪武时,其地打煎炉、长河西土官元右丞剌瓦蒙遣其理问高惟善来朝,贡方物,宴赉遣还。"康熙十九年(1680年)清廷《谕遣能员往打箭炉侦察防御并著各处督抚搜查吴三桂与达赖喇嘛交通书札》中则称"打折卢"。参见中国第一历史档案馆、中国藏学研究中心合编:《清初五世达赖喇嘛档案史料选编》,中国藏学出版社,1998年,第82—83页。该谕令摘录自《内阁起居注》。谕令名称中的"打箭炉"系编者添加,原文应作"打折卢",与文中的"打折卢"相一致。

151

这两种不同写法看，该地名应当是藏语地名。据学者的研究，藏语称两水交汇处为"多"（mdo）。源自折多山之折曲（即折多河，"曲"为河）与源自大炮山之大曲（打曲，即雅拉河）的交汇处正好在打箭炉，故该地被藏族人称作"打折多"（dar rtse mdo）。"打煎炉""打折卢"均系藏语 dar rtse mdo 的译音。可见，将藏语地名"打折多"变为"打箭炉"，并称因三国时诸葛亮派郭达将军造箭于此地而此地得名"打箭炉"，均为蜀人的主观建构，是望文生义的传说。

那么，诸葛亮派往当地造箭的郭达将军是谁？遍查《三国志》等史籍，诸葛亮麾下及当时其他地方并无叫郭达的将军，可见郭达不是真实的历史人物，而是虚构的。稍加深究，我们不难发现，"郭达"乃源自当地藏族群众祭祀的山神"噶达"（mgar ba），所谓郭达将军造箭的郭达山原为当地藏族群众祭祀"噶达"山神的神山，城中的郭达将军庙原为当地藏族群众敬拜"噶达"山神的山神庙，藏族群众称作"噶达拉康"（mgar ba lha kang）。也就是说，汉族人不仅望文生义地杜撰了打箭炉传说，而且将当地藏族群众敬奉"噶达"山神的神山变成了郭达将军造箭的郭达山，也将城中藏族群众敬拜"噶达"山神的山神庙变成了郭达将军庙。久而久之，正是在看似荒诞不经的主观建构的传说基础上，形成了打箭炉城中一年一度规模盛大的汉藏民族同祀共欢的"将军会"。

毫无疑问，清代围绕"打箭炉"地名衍生的一系列主观建构，是近代汉藏民族大规模交流中一个内涵丰富的文化案例。我

152

曾与邹立波撰文，对该案例进行梳理和剖析。①今天看来，由于当时缺乏宏观视野，站位不高，对这一典型文化案例的理解和认识尚存在就事论事的局限。其实，这一典型文化案例，向我们揭示了一个具有普世性、广泛性的文化规则——主体人群同边疆人群之间出现大规模交往交流时，必带来两者的"与共"，两者交流的成效、持续性和稳定性，很大程度上取决于两者相互"与共"的程度。所谓"与共"，系指两者相互渗透、相互吸纳所形成的共同历史记忆、符号和信仰。

从这一角度来分析和审视，清代汉族人以"打箭炉"地名为基础所作的一系列主观建构，始终遵循一个原则——借用藏族的事物来进行主观建构，以形成自己的传说。"打箭炉"是对藏语地名"打折多"的望文生义，郭达山是当地藏族人的"噶达"神山，郭达将军庙则是当地藏族人祭祀"噶达"的"噶达"山神庙。这种始终用藏族的事物进行主观建构的原则，强烈体现出汉族同当地藏族"与共"的愿望。这些看似荒诞不经的附会传说，背后却隐藏着一套规则，这个规则的精髓就是"求同存异"。

"打折多"在明代只是寂寂无闻的小村落，它的兴起有两个原因：其一，明末蜀乱，大批汉族人"避兵过河"，这使汉藏间的茶叶贸易市场开始向大渡河以西转移；其二，清朝在康熙三十九年（1700年）通过"西炉之役"控制该地，五年后（1705年）又建成横跨大渡河的泸定铁索桥（1935年红军强渡的泸定桥），这使大批汉族商民涌入该地。该地作为汉藏之间新兴的茶

---

① 石硕、邹立波：《"打箭炉"：汉藏交融下的地名、传说与信仰》，《思想战线》2019年第3期。

叶交易市场迅速趋于繁荣。汉族移民大量进入，有个问题迫切需要解决——如何同当地藏族群众融洽相处。根据这一背景，我们就不难理解汉族移民围绕"打箭炉"地名进行的一系列主观建构。细细琢磨，这些主观建构主要有两个功能。对汉族移民而言，既然三国时期诸葛亮已派郭达将军在此造箭，说明当地并非"化外之地"。2017年，我参观一座祖辈做藏茶生意的雅安藏茶厂时，在宣传栏里看到这样一段文字：

> 三国时，诸葛亮南征与孟获交战，就在雅安。七擒七纵使孟获心服口服，双方商定，孟获退一箭之地。谁料这一箭却从雅安"射"到了200多公里以外的康定。这是诸葛亮谋略过人，早已暗中派人在康定安炉造箭，然后将所造之箭插在一个山顶上。孟获吃了哑巴亏，无奈还雅安于蜀国，退到了康定以西，所以康定会取名为"打箭炉"。

这段文字从史实的角度尽管完全经不起推敲，但表达的意思很明确：打箭炉这个地方在三国时期已是诸葛亮"一箭之地"的范围。所以，诸葛亮派郭达将军造箭而有"打箭炉"地名的传说虽纯属杜撰，荒诞不经，但对当时因生计所迫、远走他乡且文化不高的广大汉族移民来说，异常重要，可以起到在心理上化陌生为熟悉、化异乡为故乡的作用，有缓解大量汉族移民的思乡之情，排遣乡愁，解决文化适应问题的功能。

汉族移民对打箭炉的主观建构，另一重要功能是同当地藏族群众"与共"。汉族人口中的"打箭炉"与藏族人口中的dar rtse mdo（打折多）同音，汉族人所称的"郭达山"与藏族人的"噶达"神山合一,汉族人敬奉的郭达将军庙与藏族人的"噶达"山神庙合一。看到自己民族的神山、神庙同时被汉族移民敬奉,当地藏族群众自然欣喜,这大大拉近了汉藏民族的心理距离。由此,我们不难看到,汉族人的一系列主观建构产生了奇妙效果。由于遵循"借用"原则,藏族人依然按原来的信仰敬拜"噶达"神山、"噶达"山神庙,汉族人则根据郭达将军的传说来敬奉郭达山和郭达将军庙。双方按各自的信仰敬拜,但敬拜的是同一对象、同一场所。这一奇特局面,所带来的自然是汉藏民族的亲近感。民国时任康定第一完小校长的黄启勋对郭达将军庙有这样的回忆:

> 我幼小时所见庙中住持,常年是一年老喇嘛,加之郭达神像着藏式服装、骑山羊、与喇嘛称之为骑羊护法神的"当钦",酷似一人,这以汉式庙宇,塑藏式菩萨,汉藏民族共敬一人,恐怕也是打箭炉为藏汉杂居之地,宗教感情融通的地方特点的反映吧。①

其实,后来在此基础上发展出来的汉藏民族共同参与的"将军会"之所以能使汉藏民族同祀共欢,正是因为"汉藏民族共敬一人"所形成的双方的宗教感情融通。奇妙的是,这一切都建立在汉族移民主观建构的传说基础之上。从某种意义上说,正是汉族移民同藏族群众"与共"的主观愿望与诉求,创造出"打箭炉"城中汉藏民族关系的和谐局面。

---

① 黄启勋:《郭达随笔》,《康定县文史资料选辑》第3辑,第146页。

三

"庄蹻王滇"的传说发生于西汉中期以前,打箭炉的传说则产生于一百多年前,二者前后相距两千多年。若细加比较,我们不难发现,二者存在两个共同点:(1)均产生于主体人群向边疆地区流动的历史背景下;(2)均出自主体人群的主观建构。但两个案例真正的共同点,是揭示了一个带有普世性的文化规则,即当主体人群与边疆人群之间出现大规模交流之时,二者往往需要建立一种历史和文化的联结,目的是在主体人群与边疆人群之间建构"共同性"。这种共同性的建构通常是以民间传说、故事为载体的,原因是民间传说、故事具有很大的弹性,不必恪守史实的真实性,只需借用历史的"壳",至于往这"壳"里装什么内容,则全视主观需要而定。不过,在这一过程中,始终贯穿一个原则,即"与共"。因目标是实现"与共",故借用对方的事物往往成为一种固定模式。如,"庄蹻王滇"传说称庄蹻"以其众王滇,变服,从其俗,以长之",体现的是以滇的服饰和习俗为准;"打箭炉"传说则以藏族的地名、神名来演绎。

本文分析讨论的两个案例,只是传说和历史记忆中的沧海一粟。千百年来,不同地域、不同文化的人群交往交流交融,相互用传说来建构共同历史记忆、共同文化和共同符号的案例比比皆是。诸如农耕人群与游牧人群之间的王昭君传说,藏汉民族之间的文成公主传说、关帝信仰与格萨尔信仰的嫁接,西南民族地区广泛流传的诸葛亮传说,羌族的大禹传说,等等,这些传说均是跨民族、跨文化的,均发生在不同地域、不同文化的人群之间,亦成为他们"与共",即形成共同历史记忆、共同符号的重要途径。它们与上面讨论的两个案例异曲同工,大同小异。这些传说或以某段史实、某一历史人物为内核和蓝本,经历代民间不断塑造放大,细节更加丰富,故事更加生动有趣,极具传播力而终至家喻户晓,妇孺皆知,并由此成为大众社会文化的组成部分,同时也成为主体人群与边疆人群之间塑造共同历史记忆、共同文化与共同符号的重要路径。

我们不难看到,数千年来,主体人群与边疆人群之间的"与共",即共同历史记忆、共同文化与共同符号的塑造,很大程度上有赖于被主流文化忽视、冷落或排斥的民间传说。虽然这类传说中掺杂了许多与史实不符的主观成分,但我们可从中读出不同时代主体人群与边疆人群之间进行文化整合的愿望与需求。这些愿望与需求多为文献所不载,却是重要的历史真实,对于我们理解历史上主体人群与边疆人群之间交往交流交融过程中如何进行文化整合,具有重要价值和意义。

综上所述,以上两个案例清楚地告诉我们一个事实,历史上当主体人群与边疆人群之间出现大规模交往交流时,二者必然需要"与共",需要文化上的整合。在此情形下,人们往往选择和利用传说来创造彼此的关联性,创造共同历史记忆、共同文化及共同符号。这充分印证了田余庆先生的精辟论断:"文化才是中国统一真正的凝固剂。"[①]

[①] 田余庆:《中国古代史上的国家统一问题》,国家图书馆编:《部级领导干部历史文化讲座·史鉴卷》。

"亡秦者胡也"与秦筑万里长城
——读李济先生《中国民族的形成》有感

读李济先生《中国民族的形成》一书，颇震撼于张光直在该书序言中引述的李济先生的一个观点：

> 两千年来中国史学家，上了秦始皇的一个大当。以为中国的文化及民族都是长城以南的事情。这是一件大大的错误，我们应该觉悟了！我们更老的老家——民族的兼文化的——除了中国本土以外，并在满洲，内蒙古、外蒙古以及西伯利亚一带：这些都是中华民族的列祖列宗栖息坐卧的地方。到了秦始皇筑长城，才把这些地方永远断送给"异族"了。因此，现代人读到"相土烈烈，海外有截"一类的古史，反觉得新鲜，是出乎意料的事了。

恕我孤陋寡闻，上述观点特别是"两千年来中国史学家，上了秦始皇的一个大当"我还是第一次听到，有些振聋发聩，仔细想想确也不无道理。在大多数"中国史"或"中国民族史"的叙述中，秦朝是我国多民族统一国家的一个开端，从某种程度说，这大体没错。但是，仔细想一想，大规模修筑长城的不恰恰也是秦朝吗？所以，把秦朝作为我国多民族统一国家的开端，确实存在一些问题，事实上秦朝也正是力图用修筑长城把统一后的华夏同北方游牧民族分割开来的一个王朝。尽管这个分割并不成功，也没起到什么作用。汉高祖七年（公元前200年）汉、匈平城之役，高祖刘邦被围于白登，差点丢了性命。整个西汉前期，北方匈奴一直是汉朝的严重威胁，终于导致汉武帝对北方匈奴的奋起反击。但是，就主观而言，秦始皇下大力气修建长城，显然想一劳永逸阻断来自北方游牧民族的威胁，让自己作为"始皇帝"开创的宏伟基业能传诸万世。从这个意义上说，把秦朝说成是中国多民族统一国家的开端，实际上是存在一定局限的。至少，从秦始皇统一开始，就力图用长城在华夏与北方游牧民族之间划分一条界线，这或许是造成后来掌握话语权的中国文人士大夫总习惯于将长城以外的北方游牧民族视作"异"和"异族"的根源所在，只是人们通常对这一点并不自觉罢了。故追根溯源，李济先生提出"两千年来中国的史学家，上了秦始皇的一个大当"的观点，正是从整体视野对中国历史的一个深刻洞悉。

《史记·秦始皇本纪》记秦统一以后"平定海内，放逐蛮夷"，"西北逐匈奴"。秦统一以后为什么会大规模修建长城，试图把北方游牧民族阻隔于长城之外？对此问题，《史记·秦始皇本纪》有一条很有意思的记载，或有助于我们对此事的理解。这条记载说秦始皇统一六国后，巡游天下，到了北部边境，这时有一个叫卢生的燕人向秦始皇献上一本《录图书》，上有谶言"亡秦者胡也"。秦始皇得知此谶言后，立即派遣将军蒙恬率30万大军北击胡人，略取河南地，攻占了今宁夏一带的大片地区。秦朝开始在北部边境修筑长城，也正是在蒙恬率大军攻退胡人之后。《资治通鉴》记："蒙恬斥逐匈奴，收河南地为四十四县，筑长城，因地形，用制险塞；起临洮至辽东，延袤万余里。"但对"亡秦者胡也"这一谶言，《史记集解》却收录有东汉郑玄的一个注释："胡，胡亥，秦二世名也，秦见图书，不知此为人名，反备北胡。"

读到这里不禁让人哑然失笑。也就是说秦始皇对"亡秦者胡也"这句谶言做了错误的理解，派蒙恬率30万大军开往北部把胡人狠揍了一顿，并修筑长城，目的是不让谶言变为现实。殊不知"此胡"非"彼胡"，"此胡"乃指秦始皇的儿子胡亥，即后来的"秦二世"。"秦二世而亡"，故后人把秦始皇之后继位的胡亥称作"秦二世"，秦朝正是亡于胡亥。由此得出一个结论，"亡秦者胡也"这句谶言本身无误，得到完全应验，错只错在秦始皇对谶言中的"胡"作了错误理解。这不但使"秦二世而亡"，也导致了秦朝视"北胡"为大敌而严加防备，修建万里长城，成为力图把北方游牧民族阻隔于长城之外的王朝。

此件事是真是假，我们无从判断。从这个故事中包含的轻松与幽默来看，不排除它有可能是秦亡以后人们为嘲弄秦朝短命而编造的一个故事。但是，另一些事实也让我们难以轻易否定这条史料的真实性。第一，据史书的记载，蒙恬率30万大军开往北部边境攻击胡人的是始皇三十二年即公元前215年,这与秦始皇巡游北部边境的时间正好吻合。第二,春秋战国之时,阴阳与谶纬之学相当盛行。例如,人们耳熟能详的"楚虽三户,亡秦必楚"的谶言,就产生于这个时期。这句话是著名谋士范增在说服项羽的父亲项梁要有灭秦之信心时引用楚国阴阳家南公的一句谶语,范增的原话是:

> 夫秦灭六国,楚最无罪。自怀王入秦不反,楚人怜之至今。故楚南公曰"楚虽三户,亡秦必楚"也。

楚南公何许人?《史记索隐》说他是"楚人善阴阳者"。《史记正义》引虞喜《志林》一书说:"南公者,道士,识废兴之数,知秦亡者必于楚。"《汉书·艺文志》记南公曾作有《南公十三篇》,他是六国时代的人,是楚国一位有名的阴阳家。范增在说服项梁之时,陈涉已率先起兵反秦,各地也纷纷起兵响应。从这一背景看,楚南公所言"楚虽三户,亡秦必楚"应在陈涉起兵之前。此外,范增也是力主项羽杀掉刘邦的人,理由是"吾令人望其气,皆为龙虎,成五彩,此天子气也。急击勿失",故当鸿门宴杀刘邦计划失败,范增遂发出"竖子不足与谋,夺项王天下者,必沛公也"的慨叹。足见当时阴阳与谶纬之学颇为流行。

也许,我们今天已无法弄清"亡秦者胡也"这个故事的真实性到底有多大,但秦统一后加强了对"胡"的防备并修筑长城却是不争的事实。

先秦时北方戎狄与中原的交往联系已甚为密切。尧舜时代,

《史记·五帝本纪》就有这样的记载："三苗在江淮、荆州数为乱，于是舜归而言于帝，请流共工于幽陵，以变北狄；放驩兜于崇山，以变南蛮；迁三苗于三危，以变西戎；殛鲧于羽山，以变东夷。"可见其时，华夏与周边四夷关系不但密切，且已形成"以夏变夷"的思想。战国七雄中之所以是由秦统一六国，固然与秦的地理条件、变法等有关，但另一重要原因则是秦本身吸收和混合了大量戎狄因素，具"塞外野蛮精悍之血"（陈寅恪先生论唐朝之活力时用语）。《史记·秦本纪》记秦的先祖费昌时就说其"子孙或在中国，或在夷狄"。又称"秦用由余谋伐戎王，益国十二，开地千里，遂霸西戎"。企图通过吸取戎狄因素在战国争雄中胜出，最有名案例当属赵武灵王的"胡服骑射"。赵国武灵王执政时，意识到赵"东有齐、中山，北有燕、东胡，西有楼烦、秦、韩之边。今无骑射之备，则何以守之哉？"于是"变服骑射，欲以备四境之难"（《资治通鉴》卷三），遂颁布胡服令，招骑射，即按胡人骑射之法来训练军队。这大约是中国最早的"师夷长技以制夷"之案例。应当承认，赵武灵王可能是六国中相当睿智的一位政治家，他最早意识到学习和汲取胡人的"骑射之法"可能是在战国争雄中立于不败的制胜法宝。这一见识的高明之处乃不言而喻，而它的产生正是当时华夏与夷狄密切互动的结果。

战国时燕、赵、秦三国都是直接与北方胡人毗邻，用修建长城来阻止胡人骑射之兵的侵袭并非秦人的发明，早在秦始皇修长城以前，燕、赵两国均已在北部边境修建长城阻止北方胡人的侵袭。所以，秦统一后所建的长城，一是仿之燕、赵在其北部边境筑长城；二是将秦长城同燕、赵原有的长城连接起来，遂形成"起临洮至辽东，延袤万余里"的万里长城。

历史之所以有趣且魅力无穷，很大程度在于在决定历史走向的诸多因素中常常是"偶然"与"必然"相互交织。尽管我们无法确知秦统一以后修建万里长城并加强对胡人的防备，是否是因为"亡秦者胡也"这一谶言，但秦在统一以后，大幅度加强了对北方胡人的防备，修筑起阻止北方胡人南下的"万里长城"这一蔚为壮观的防御体系却是历史事实。

李济先生1923年毕业于哈佛大学人类学系，《中国民族的形成》原是他的博士论文，1928年由哈佛大学出版社出版。该书的要旨，诚如张光直先生归纳："使用了五项不同的材料，即中国人人体测量数据、史书里有关城邑建造的资料、姓氏起源资料、人口资料，以及其他历史文献资料。从这五种资料中，李先生分析出中国民族的五个源头，即黄帝子孙、通古斯人、孟-高棉人、掸人和藏缅人。"并称"李济先生自他专业生命方式方才起步的时候便采取了研究中国古史各个学科兼行并进的方式"，张光直先生将之概括为"人类学派的古史学"。这篇博士论文采用的多学科方法与材料"兼行并进"的方式也奠定了李济先生毕生学术研究的基础与路径。

令人感佩的是，正是这种人类学派的古史研究，使李济先生从一开始就对中国古史具有一种非同寻常的眼光与见识。比如，为撰写博士论文，李济先生不仅对中国人种进行过体质人类学的测量，也对清代以前北方游牧人群三次大的南下进行过深入研究，因而他深知北方人群在中国人种形成中的重要性。其所以能

163

够提出"两千年来中国的史学家,上了秦始皇的一个大当。以为中国的文化及民族都是长城以南的事情"这样振聋发聩的独到见解,正是鉴于中国史学家对长城以外地区的忽视。故李济先生强调:"中国人应该多多注意北方……忽略了历史的北方,我们的民族及文化的原始,仍沉没在'漆黑一团'的混沌境界。"

或许因为李济先生从一开始就是从多学科"兼行并进"的人类学派古史研究路径来完成博士论文《中国民族的形成——一次人类学的探索》,这使得其在后来的学术生涯中看待中国文明的眼光与见识明显高人一筹且不同凡响。李济先生有两个认识中国历史的观点给我留下深刻印象,且至今仍具有重要的方向性意义:

其一,"中国上古史须作为世界史的一部分看,不宜夹杂褊狭的地域成见"。

其二,"中国历史是人类全部历史最光荣的一面。只有把它放在全体人类的背景上看,它的光辉才更显得鲜明。把它关在一间老屋子里孤芳自赏的日子已经过去了"。

释《老子》"见小曰明"

——兼谈马一浮论读书的"明"与"昧"

一个人若被人称作"明智",自然是一个不错的评价。

但"明智"是什么?很少有人深究。我们今天的词语,多来自古代,但与古人的用法不尽相同。今天两个字组成的词,在古人那里往往是两个词,其含义也更丰富。例如,今天我们常用"清静"一词来形容环境和状态安静,如"到某地躲了几天清静","清静之地",等等,这里的"清静"主要指安静。但在古人那里却并非此意。《老子》:"清静为天下正。"这里的"清静"实际上是两个词,一指"清",二指"静"。"清"是古人所仰慕和追求的一种状态,如"清风""两袖清风""清官""清爽"等,"静"才是宁静、安静之意。又如"学习",我们今天是一个词,但在古人那里,"学"和"习"却是两个不同的词。《论语》:"学而时习之,不亦乐乎。""学"大抵是今天"学习"的含义,而"习"的本义是小鸟练习飞翔,喻指实践,包含行和用。也就是说，在古人那里，"学习"二字的完整意义是，学的东西要拿来用，要付诸实践，化为行动。其实，"明智"也是如此。《老子》："见小曰明，知人者智。"可见"明"和"智"是两个不同的词。老子是生活在三千多年前的智者，"见小曰明，知人者智"，当然包含了老子本人对"明"和"智"的独到理解与阐释。这一简洁的阐释，即便今日，仍有巨大的震撼力。

这里单说"明智"的"明"。其实，"明"的内涵颇为深邃。我们常说"踏踏实实做事，明明白白做人"。可见，"明"与"不明"，直接关乎"做人"。关于"明"，《老子》中还有另一个重要阐释，叫"知人者智，自知者明"。后者与"见小曰明"其实是相通的，二者相辅相成，相得益彰。可见，"明"有两个重要内涵，一是"见小"，二是"自知"。衡量一个人"明"，大抵就这两个尺度。

不过，在今天，"见小曰明"这一"明"的含义，已让我们颇感陌生。我们的生活似乎离"见小曰明"渐行渐远。原因是我们日常所向往和追逐的越来越是名利、地位，是豪车别墅、优渥的物质生活，是高薪的职业、一掷千金、美女美食及与之相伴随的各种"做派"。就是说，人们向往和追逐的越来越是"大的""外在的"，是那些看得见摸得着，能带来感官享受，带来优越感、满足感的东西。在此世风下，一点一滴、一花一木、一池一溪、一目一颦，乃至一丝内心的喜悦，全都变得有些微不足道，失却了意义和价值。更别说那些内在的、无成形的，既看不见，又摸不着，按时下的话说"不能当饭吃的"东西在人们眼中还有什么位置。前不久看到摇滚歌手崔健一段对时下摇滚乐坛的评价,他说,现在的摇滚歌坛包装越来越进步,灯光、配乐、服装、场地已今非昔比,越来越现代,越来越喧嚣,却越来越缺乏一样东西:摇滚乐越来越没有"内心的需要"。也就是说,在摇滚乐越来越追逐于成名、成腕和获取商业利益之时,无形中丢失了它的灵魂——"内心的需要"。而事实上,只有基于"内心的需要",发自内心的东西,才能打动人心。"心与心"的交流才是共鸣的基础,亦即我们常说的"以心换心"。

我对摇滚乐一窍不通,对崔健所言无力置评。但凭直觉,我认为崔健作为过去40年中国家喻户晓和最资深的摇滚歌手,其所言一定有道理。因为不光摇滚乐坛如此,这也是当下诸多行业和领域的通病。为什么会把最重要的内在的东西丢了,却把外在的不太重要的东西反而发扬光大?这显然是缘于"不明"。为何产生这样的"不明"?根源何在?马一浮先生是中国20世纪最寂寂无闻也是最重要的隐世大儒,是一位绝世高人。他在关于"读书"的一段论述中可谓直击本质:

> 某尝谓读书而不穷理,只是增长习气;察识而不涵养,只是用智自私。凡人心攀缘驰逐,意念纷飞,必至昏昧。以昏昧之心应事接物,动成差忒。守一曲之知,逞人我之见,其见于行事者,只是从习气私欲出来。

此乃洞悉人世之真知灼见。"人心攀缘驰逐,意念纷飞,必至昏昧"。再"以昏昧之心应事接物,动成差忒","差忒"是偏差、差错之义。马一浮的结论是:"守一曲之知,逞人我之见,其见于行事者，只是从习气私欲出来。"造成这一切的根源，正是"读书而不穷理""察识而不涵养"。"读书而不穷理"，不将读书所得之见识涵养内化于"心"，读书就徒有形式，如此，"必至昏昧"，趋往"守一曲之知，逞人我之见"的"差忒"之途。读书归根到底是潜移默化滋养精神与灵魂。如果想通过读书来谋取精神与灵魂之外的东西，特别是谋取名利、地位之类，久而久之，"必至昏昧"，走上"用智自私"的"差忒"之途。如此，自然就会丢失崔健所言"内心的需要"。

从此意义上说，所谓"昏昧"，乃指有动机和目标却无"内心的需要"，徒具形式却没有灵魂。造成此情形的原因，诚如马一浮所言，是"不穷理""察识而不涵养"，不把"理"与"识"内化于其"心"，不以"理"与"识"来滋养和提升人格，终难产生"内心的需要"而趋往"昏昧"。人要自觉到这一点显然不容易。"昏昧"的反面是"明"。可见，要避免"昏昧"而趋向"明"，首先需要"自知"和"自省"。就是说，"明"的首要前提是自知、自省、自觉，即所谓"自知之明"。古人云"人贵有自知之明"，一"贵"字恰好表明自知、自省、自觉之不易。所以，"明"是生发于内心，只能向内心去寻找，自知、自省、自觉，才是正确的"致明之道"。自知、自省、自觉的基础，不外乎两个，一是"穷理"，二是"察识而涵养"。这两点与读不读纸本书并无必然联系。生活本身就是一本大书，读生活这本大书时，只要"穷理"并不断将"理"与"识"内化于"心"，用以升华自身修养与人格，就能够致"明"。如马一浮所言，若"读书而不穷理，……察识而不涵养"，就只会"用智自私"，致人"昏昧"。

由此可见,"明"与"昏昧"的分野其实是在人的内心,在于"自知之明"。无"自知之明"的表现因人而异,但共同特征是以自我中心、自以为是。由此派生出好为人师,自以为最聪明,处处自我吹嘘,自我显摆并指点大众,居高临下并夸夸其谈,以好指点江山而哗众取宠。时下新媒体上各类专家如雨后春笋层出不穷,其中不少被大众戏称"砖家",根源正在于其言论不是基于"内心的需要",不是出自心之"良知",而是"用智自私",且无"自知之明"的结果。

"明"的第二个层次则是"见小曰明"。我们日常所说"明察秋毫""细节决定成败"等,一定程度是"见小曰明"的反映。但倘若仅此来意会和诠释,其实只是字面理解,未免过于肤浅、狭窄。"见小曰明"的内涵与意义,其实更为深邃、广阔。首先要搞清楚"小"是什么。我们常说"明辨大是大非""大是大非不糊涂",但往往忽略了"大"由何而来。任何人都明白,"大"是由"小"而来,明白"积小成大"的道理。"小"和"大"既是同一事物之过程,也是同一事物两个相互交织的不同面向。人的生命过程是由"小"及"大",人的社会性成长同样由"小"到"大"。从此意义说,"小"是我们每个人的出发点,是"根"和"本",是"人之初",这是从"纵"的线性角度来说。若从"横"即截面的角度说,"小"与"大"同样相生相伴、如影随形,须臾不可分,永远是"大"中含"小","小"中见"大"。从此意义言之,"小"对于我们每个人来说,就是柴米油盐的烟火气,是吃喝拉撒的生活日常,是乡土乡音乡情乡愁,是凡人的七情六欲,是恒以平等之心待人,是位高权重却能低调且积德行善，是人性之本与情怀，是身居高位而有"百姓之心"，是对弱小者的同情与善良。其实，一个人不管事业有多大，地位有多高，权势有多显赫，头上有多少光环，他终究是一普通人，终不会因此变为不食人间烟火的"神"。倘若我们把一个人的事业、地位、权势、光环及由此带来的丰裕物质生活视为"大"，那么，他是一个普通人的这份底色，则无疑是他的"小"。俗话说"苟富贵，勿相忘"，人不论如何飞黄腾达，不可忘"本"。"富贵""飞黄腾达"无疑属于"大"，这些话的意思是，人在拥有"大"之后，切不可因"大"舍"小"。原因是"小"和"大"永远相辅相成，相互一体，是一个硬币的两面，彼此密不可分。舍去了"小"，"大"就失去了根基，就会变质、瓦解。故《老子》说的"圣人无常心，以百姓之心为心"，所诠释的正是"见小曰明"之深意。

《老子》看待世间万物的高明之处，是辩证思维。其深入人心且广为流传的"祸兮福之所倚，福兮祸之所伏"，即道出"福""祸"相互依存、互相转化的辩证关系。《老子》云："天下皆知美之为美，斯恶已；皆知善之为善，斯不善已。故有无相生，难易相成，长短相形，高下相倾，音声相和，前后相随。"这是对世间万物皆对立又相互依存之辩证关系的生动诠释。支撑老子辩证观的思想内核与根源，是宇宙"阴阳"观。"阴阳"观是一种整体性的宇宙观，认为宇宙均由阴阳两个部分构成，阴阳紧密依存，又互为前提、互相支撑并相互转化，阴中有阳、阳中有阴。这种看待世间万物的方式，蕴含和积淀着中华文明极高的智慧。《老子》称"万物负阴而抱阳，冲气以为和"。这句话的意思是，阴阳相交才会产生一种协调、和谐与平衡状态。《礼记·中庸》云"和也者，天下之达道也"。"和"是数千年中华文明中所追求的一种境界，"和为贵"及"家和万事兴"都是对"和"的境界的一种反映。其实，"小"与"大"同样是代表着"阴""阳"之两端。在很大程度上，我们也可以说"万物负小而抱大，冲气以为和"。求"大"而不失"小"，负"小"而抱"大"，同样是产生协调、和谐与平衡之"和"的前提。所以，一个人无论多"大"，多"圣"，都要"以百姓之心为心"。得"大"而不失"小"，负"小"而抱"大"，方能成其"大"。"大"一旦丢失了"小"，就会迷失方向，丢失"明"而趋向"昏昧"，这才是"见小曰明"的真谛。

苏东坡给我们留下什么？

人都有骛远的毛病，很近的地方，反倒较少涉足。你的足迹可能遍及世界各地，也遍及大江南北、戈壁、草原，但对居住城市周遭的一些县市，你可能十年二十年不曾去过。对我来说，苏东坡家乡眉山就是这样的地方。记得去眉山是十多年前的事，也曾参观三苏祠，但很快就转出来了，印象是有些破败、凋零，同三苏在中国文化史上的重要地位很不相称。那以后，虽也偶尔路过眉山，却再未去过三苏祠，也再未留宿眉山。原因很简单，眉山离成都太近，一脚油门，就回家了。

前不久，承蒙学生安排，趁假期去眉山休闲，在新打造的水街住了两晚，也再游眉山市和三苏祠，不觉大为惊诧。整个眉山市已高楼林立，马路宽阔，一派现代城市风貌。但感受最强烈的是，整座城市都深深打上了"苏东坡"的烙印。满街的饭馆、旅馆、小区、街道，绝大多数都以苏东坡命名。或叫东坡饭店、东坡肘子、东坡小卖部、东坡超市、东坡大道、东坡院子、东坡广场、东坡巷、东坡公园,等等,林林总总,不胜枚举。给人的印象是,在眉山,无处不东坡。苏东坡已成为今日眉山最亮丽的名片。更让我惊讶的是,再游三苏祠,面貌已大变。三苏祠门前开辟出宽阔的东坡广场,与之遥遥相对的广场对面,是新建的三苏博物馆。馆内展陈丰富而系统,汇集诸多文物,也不乏从台北故宫博物院复制的苏东坡字画精品。三苏祠外的长街还以北宋的"纱縠行"为街名。三苏祠规模已扩大数倍,扩大部分主要是园林,故居格局依然照旧。三苏祠的整体面貌规整而有现代气息,但宅中的老井依然如故。老井旁边代表苏家严格家教的黄荆藤已从灌木长成树状。苏东坡当年回眉州守孝时种下的荔枝树做成了根雕以资纪念。在原址上重新栽了一棵荔枝树。据说前年结出不少荔枝,成熟时被松鼠一扫而光。

一位颇具专业水准的女士担任参观讲解,让我学到不少知识。我虽学历史出身,却并未专门涉猎苏东坡,有关苏东坡、三苏的知识大都是自各种渠道获得的一鳞半爪。

参观结束,返回浸润于三苏文化氛围的眉山大街,被告知要去正宗的东坡肘子店。置身东坡文化的浓郁氛围,我忽然想到一个问题:苏东坡给我们留下了什么?

近年,不少地方为争夺某一历史名人的故乡而面红耳赤、相互诋毁,几近白热化。这背后虽掺杂有现实利益的考虑,但未尝不具有积极意义。历史是一种遥远的记忆,同当下的现实生活相距甚远,此现象意味着,人们开始愈来愈意识到文化同现实的关联性及对现实的重要性。严格说,文化是一种看不见、摸不着,缺乏实际效用的东西,但诚如庄子所言"无用乃大用"(《庄子·人间世篇》云："人皆知有用之用，而莫知无用之用也。"后人遂将之总结为"无用之用，方为大用"）。文化是一个地方的历史记忆，也是其根脉。文化的效应可大可小，全在于今天的人怎么看待和利用。这应验了意大利学者克罗齐那句话："一切历史都是当代史。"苏东坡之于眉山，正是如此。今天的眉山市因苏东坡而崛起，而繁荣，很大程度正得益苏东坡这张文化牌。

研究文学史的人，总爱强调苏东坡在文学史上的地位与价值。这固然不错。但对今日的眉山而言，苏东坡与其说是文学史人物，不如说是历史文化人物更妥当。文学是文化的一部分，但与文学相比，文化更宽泛，涵盖更广。

我心里一直有个疑问：北宋时，地处僻远的眉山为何会产生苏东坡这样的人物，甚至一家内出父子三文豪？我也带着这个问题参观三苏博物馆和三苏祠。参观后有了一个初步答案。据个人浅见，答案可概括为两点：

其一，从家世看，苏东坡祖上并非当地人。其先祖苏味道原籍河北栾城，唐武则天时曾做过宰相，因卷入派系争斗而被贬为眉州刺史，遂定居眉州。苏东坡是苏味道第十一世孙。从遗传和基因的角度说，这是三苏诞生于眉山之根由。

其二，除天赋异禀，另一因素则与文化密切相关，即家风、教育和修养等文化传统。文化从来是通过教育传承的。隋唐实行科举制，激发了士大夫家族教育的兴起。教育也更多以家族为单元来延续和传承。北宋时，苏家一门内能出三位进士，同苏家移居眉州后，代代相传的家风、教育及为人处世修养等家族文化传统密不可分。三苏博物馆的陈列中，有不少材料展示了三苏祖上

174

如何接济和帮助邻里乡亲的事迹。这说明，文豪苏东坡产生在眉州这样的僻远之地绝非偶然，当得益于苏家移居眉州后，代代延续的家风和教育传统。这一传统中，承载和蕴含着修身、齐家、治国的深厚文化积淀。

一个有意思的问题是，苏东坡靠什么被后人铭记并纪念。这颇值得我们深思。三苏祠始建于元代，是根据三苏故居改建。令人惊讶的是，历朝历代均对其进行扩建修缮。据查，明代有两次（洪武二十九年、嘉靖九年），清代六次（康熙四年、四十五年，嘉庆十八年，咸丰三年，光绪元年、光绪二十四年），民国有两次（民国八年、二十五年）。1949年后尤其是改革开放以来，更是多次扩建维修，旧貌换新颜，始成今日前所未有的规模和格局。这些事实清楚表明，人们对苏东坡的纪念和尊崇，并不因改朝换代而改变，也不因时势和社会变迁而减弱。

我常想，苏东坡在诗词文学的成就固然卓越，但尊崇和纪念他的主体人群，却未必仅限于诗词文学爱好者，也未必是读过或熟悉苏东坡诗词的人。那么，千百年来，苏东坡靠什么赢得人们的尊崇与纪念？他对后人的感召力究竟来自何处？要回答这个问题，我们首先需要明晰另一个问题——什么造就了苏东坡？整个参观过程，该问题始终萦绕于我的脑际。

据我的肤浅认识和理解，苏东坡最吸引人的，首先是他坎坷曲折的人生经历，正是这种经历成就了苏东坡。苏东坡的人生履历坎坷而曲折。他虽少年得志，以科举跻身仕途，但一生中大部分时光不是被贬谪，就是在贬谪路上，足迹涉凤翔、杭州、密州、徐州、湖州、黄州、儋州、惠州，遍及大半个北宋疆域。苏

175

东坡也曾下过狱，几近于死亡。可以说，在步入仕途的四十年中，其大部分岁月不是在被贬谪或返京路上，就是被发配到荒僻之地为官。参观时，讲解员有一句幽默的调侃，说同时为官的苏辙主要做三件事："吃饭，睡觉，捞哥哥。"足以说明苏东坡的官场生涯麻烦不断，曲折坎坷。

那么，什么使苏东坡的官场生涯曲折坎坷、麻烦不断？不外乎两条，一是缺乏世故圆滑的率真，二是为民请命的道义与责任。在苏东坡为官的时代，北宋朝廷最大的事件是王安石变法。一开始，苏东坡因"青苗法"与民争利而反对变法，被力主变法的神宗皇帝和新党视为眼中钉，遭排挤贬谪；而当反对变法的司马光等旧党重新执掌权力，全面否定变法措施时，他又站出来反对，主张变法中一些好的措施应予保留，不必一概取消。于是再遭忌恨和贬谪。就这样，他以近乎婴儿般的率真、为民请命的道义与"不合时宜"，把个人安危、荣辱置之脑后，身处政治权力旋涡之中。虽秉持其"享天下之利者，任天下之患；居天下之乐者，同天下之忧"的理念，但其宦海浮沉与命运多舛则可想而知。

不过，命运多舛并未击垮苏东坡，原因正在于他本性的率真、乐观、豁达、接地气。他本非"官迷"，也从没有为做官而做官。数度贬谪，反使他获得更广阔的自由天地，羁绊与牵制也更少。他好吃，发明了至今被人们津津乐道的"东坡肉""东坡肘子"；他不胜酒力却好酒，自酿酒让人喝了直拉肚子；他没有官的样子，与平民百姓、贩夫走卒打成一片；他为民办事，修苏堤、建桥铺路，造福一方；他办学，在未开化之地传播文化；贬谪黄州，他为养家糊口而开荒种地，躬耕于田间地头。

有一个节点，对我们理解苏东坡的人生甚为重要。苏轼前半生其实并无"东坡"之号，得此号是在"乌台诗案"后被贬谪黄州，因其开垦荒地在黄州东门外，为一坡地，取唐代白居易做忠州刺史时在城东坡地养花种树典故，遂自号"东坡"。也正是在黄州，他写出了《念奴娇·赤壁怀古》这一不朽词作，诗词创作达到前所未有之境界。有学人曾提出一个有趣观点：存在两个苏轼。前一个是书生意气、满怀自信，有兼济天下之志，叫"苏轼"；后一个是经历宦海浮沉、人生挫折后，除去浮躁，坦然自若，乐观洒脱，随遇而安，胸襟更为旷达，更亲民，更接地气，诗词创作升华至新的境界，叫"苏东坡"。此观点独到而有睿见。苏东坡词中有"问汝平生功业，黄州儋州惠州"，说明该观点与苏东坡自我的感受颇相契合。这揭示一个深刻事实——苏东坡的文学成就与其人生经历息息相关。俗话说"文章憎命达"，屈原、司马迁都是在遭受人生重大挫折后写出了千古流传之作，苏东坡也不例外。

由此，我们可大体明了，是什么造就了苏东坡。读书、教育使他走出僻远的眉山，走上了更大的人生舞台；书生意气、天下情怀和为民发声的率真，使其宦海浮沉、人生充满荆棘。但坎坷曲折的人生经历反倒玉成苏东坡，使其更加坦然自若、乐观豁达。而对生命的自由态度、旷达及不改初衷的亲民与接地气，使其由心灵感悟达到精神升华。这一切，终使苏东坡成为一个有血有肉、有情有义、有温度、有情怀，亲民接地气，精神慈悲而旷达，灵魂丰盈而有趣的人物。这是一种极高的人格境界。恰如同

177

时代的王安石所言:"不知更几百年,方有如此人物。"因此,苏东坡被历朝历代的人们尊崇和纪念,正源于其伟大人格的感召力。如法国《世界报》副主编让·皮埃尔·朗日里耶所言:"苏东坡既是杰出的文学家,也是一位令人钦佩的伟人。怎么可能不会被他的精神和道德所折服?"美国苏学专家唐凯琳也指出:"苏轼不但是一个传统的文人,也是一个有很多现代元素的人,他的文化遗产完全可以在当代产生共鸣。"(摘录自三苏博物馆的展陈文字)

因此,苏东坡对后人的意义和价值,并不止于诗词文学,而首先在于乐观、豁达的生命态度和崇高的人格感召力。这正是千百年来激发并鼓舞人们的一种文化力量。近年,苏东坡《定风波》中"竹杖芒鞋轻胜马,谁怕,一蓑烟雨任平生"的词句常被人们引用,即是最好的说明。未经历风雨曲折的人,不可能写出"一蓑烟雨任平生"的句子,也不可能有如此洒脱的人生境界。

很显然,苏东坡的人格感召力与其诗词文学的卓越成就密不可分。曲折坎坷的人生经历,砥砺出苏东坡伟大的人格和罕有的智慧。从很大程度上说,苏东坡的诗词作品所以不朽,正在于其中凝聚了这伟大的人格和罕有的智慧。

中国传统文化有着丰富的内涵,切不可做过分单一、狭窄的理解。苏东坡作为一个跨越千年的历史人物,一个承载丰富内涵的文化符号,今天仍然能荫庇家乡的父老乡亲,带来一座城市的发展与繁荣,足以表明其蕴含着十分丰富的内涵和"很多现代元素"。而这,正是文化的力量。

苏东坡不仅属于眉山,也属于中国,属于世界。

下篇

生命学问——见众生

人类学能给我们带来什么？

在中国的人文社会科学中，有三个学科的关系极为密切，这就是人类学、民族学和社会学。费孝通先生曾用"多科并列，互相交叉，各得其所，共同发展"来概括三者的关联性。[①]但是，三者也存在明显的差异。社会学主要研究社会问题，比较偏重应用；民族学研究的主要是民族问题，也有很大程度的应用性；相对而言，人类学却是基础性较强、应用性偏弱的一个学科，因为它的主要关注对象是"文化"，它所提供的是一套认识和理解文化的方法与视野，是一套看待和研究人类文化的知识体系、理论和思想观念。所以，若从"有用""无用"的角度讲，人类学常

[①] 费孝通最早提出的是"三科并列，平行发展"。1995年8月30日费孝通召集北京部分学者在自己家中商讨，吸取各方意见后，同年10月在北京大学召开的"庆祝北大社会学人类学研究所成立十周年暨中国社会学、人类学、民族学学科建设讨论会"上，费孝通正式提出"多科共存，互相交叉，各得其所，共同发展"的主张。参见费孝通《开风气，育人才》，《人类学与民族研究》1996年第18、19期。

被归入"无用"之列。很大程度上这或许是今天中国人类学的学科地位低于社会学、民族学的原因。[①]

在中国文化中一直存在一种追求实用的倾向,这已在相当程度上影响和削弱了我们的创造力。近年有一个道理渐渐为人们所明白,这就是"无用乃大用"。这个思想最早来源于先秦诸子,《庄子·人间世篇》云:"人皆知有用之用,而莫知无用之用也。"[②]后人将之总结为"无用之用,方为大用"。近些年,无论是自然科学还是人文学科领域,作为"无用之用"的基础研究逐渐受到人们重视。哲学上有一对概念,叫"形而上"和"形而下",《易经》对于二者的差别有一个精辟诠释:"形而上者谓之道,形而下者谓之器。"[③]"器"是什么?"器"就是那些看得见、摸得着并且可以直接拿来用的东西。"道"是什么?"道"是世间万物背后起支配作用的那种东西,这种东西是无形的,既看不见,也摸不着。可见,"形而上"是抽象的、属于虚的思维范畴的东西;"形而下"则是指具体的、属于实的、有形且可以触摸到的东西。"形而下"因大多可作"有用之用",故受到人们重视。相反,"形而上"因多属原理和思想观念,看不见摸不着,往往为人们所忽视,如文化的核心——价值观等即如此。具体就人类学、民族学和社会学三者的关系而言,三者之所以存在紧密的内在关联,乃因这三个学科的研究对象和领域均与文化密不可分。社会

---

① 在中国今天的学科分类中,社会学、民族学均是一级学科,而人类学却是社会学下面的二级学科。
②《庄子·人间世》,孙通海译注,中华书局,2007,第90页。
③《周易·系辞上》,杨天才、张善文译注,中华书局,2014,第600页。

学研究人的社会行为与社会关系，而人的社会行为很大程度上是由文化决定的，社会制度的深层次根源也是文化。民族学以民族为研究对象，什么是民族？所谓"民族"，简单理解就是指"特定的文化人群"。所以民族学的研究归根到底也是关注文化，关注不同文化人群之间的交往与联系。故民族学、社会学的研究，都有一个共同的根，这就是文化。因此，让人类学、民族学和社会学三者发生紧密联系的纽带正是文化。

由于人类学关注的对象是文化本体，故虽然它的实用功能最弱，但在三个学科中，它却是最基础、最人文、最形而上，同时也是最"无用乃大用"的一个学科。正因为如此，社会学与民族学的研究，实际上均离不开人类学的理论、视野与方法。在中国，最能说明人类学、民族学与社会学三者关系的，乃费孝通先生本人。费孝通是一位集人类学家、民族学家和社会学家于一身，并分别在三个学科领域卓有建树的学者。费孝通最早接受的学术训练是跟随吴文藻、史禄国以及英国著名人类学家马林诺夫斯基学习人类学，人类学是其学术生涯的基础和起点。正因为早年受过严格的人类学训练，在费孝通后来的学术生涯中，文化意识及由此生发的问题意识明显高人一筹，无论是从事社会学、民族学的研究，均得心应手并成绩斐然。所以，从学科意义上说，在人类学、民族学和社会学三个学科中，虽然人类学主要关注的是文化本体，实用功能最弱，但其基本理论、方法与视野却是社会学、民族学研究的重要基础。因此，就这一点而言，人类学第一个不容忽视的功能，是对社会学、民族学构成重要支撑。这正如费孝通所言："对我来说，从人类学开始用实地研究方法来研究我们中国的社会与文化，是一条非常重要的学术道路。"[1]

既然人类学在认识人类文化上具有独特优势和难以替代的学科地位，那么，在当下，我们不得不思考这样一些根本问题——在当今中国，人类学可以发挥什么样的作用？人类学的研究能够给我们带来什么？

今天中国的社会，正面临复杂多变的国际环境和内部转型带来的巨大挑战与风险。在这些挑战与风险中，既存在重大的发展机遇，与此相应，不确定因素也明显增加。面对复杂多变的国内外形势，以及人们的道德伦理及价值观日趋多元且较为紊乱的背景下，人类学肩负着什么样时代使命？可以发挥什么样的作用？

我认为，人类学在当代中国的使命和作用主要体现于以下三点：

首先，人类学能够提供一种"和"的思想与观念。

人类学是伴随人类社会的全球化过程产生和发展起来的一门现代学科，也是应全球化过程中人类文化之间如何相互沟通、理解之需要而产生的。从根本上说，人类学知识体系所提供的正是如何与异文化、多元文化相处的观念和思想方法。对于一种文化应当如何与异文化、多元文化相处，人类学至少有以下两个突出贡献。

第一，在全球化过程中，通过文化间的频繁接触而产生的人类学，认识并发现了一个重要的文化定律——任何文化都只能通

---

[1] 费孝通：《创建一个和而不同的全球社会——在国际人类学与民族学联合会中期会议上的主旨发言》，载费孝通著，麻国庆编：《美好社会与美美与共：费孝通对现时代的思考》，生活·读书·新知三联书店，2019，第350页。

过"他者"才能认识自己,"他者"是认识自己的"镜子"。一个文化乃至一个文明,如果处于封闭状态,不与其他文化、文明进行充分的接触与交流,他就永远不可能真正认识自己。这也是《庄子·齐物篇》所说"非彼无我"的道理。事实上,正是在全球化所推动的文化交流、文明互鉴过程中,人们才开始真正了解和认识自己。这方面,最典型的例子要数以欧洲为中心的西方文明。人类学的产生很有意思,人类学知识体系是伴随西方殖民扩张的浪潮而逐步产生和发展起来的。但人类学知识体系的形成与建立,却走向了与西方殖民者所秉持的西方文明中心主义相悖的方向——人类学恰恰是在打破和修正西方文明中心主义基础上发展起来的一门现代学科。在西方殖民者凭借船坚炮利进行全球殖民扩张之际,西方文明中心主义的观念可谓根深蒂固——在西方殖民者心目中,西方文明是全球最优越的文明。但是,在殖民扩张过程中,随着西方殖民者在世界各地建立起大量殖民地,在对被殖民者视为"野蛮""蒙昧""原始"的殖民地进行统治过程中,西方文明中心主义开始遭遇挑战。为了对殖民地进行有效管理,殖民者不得不放下身段,开始致力于了解和认识殖民地的文化。这项工作最早是由西方传教士和一些学者进行的。正是在对世界各地殖民地的人民、文化及社会进行调查、记录、描述与研究的基础上,诞生和形成了以认识不同文化为对象的人类学知识体系。出乎西方意料的是,随着对世界各地与西方完全不同的社会、民族、文化的认识不断深入,西方文明中心主义开始受到了根本性的冲击,人们开始意识到,每一种文化都有自己的内在结构和独特价值,都自成一体。正是人类学的产生与发展,开始打破和改变了西方中心主义,使西方逐渐改变和放弃了西方文明中心观。就这一点而言,人类学从它诞生的那一天起就已具有认识文化之"天下公器"的本质。

1920至1921年,应梁启超"讲学社"邀请来中国讲学的罗素,其在关于西方文明与中国文明的演讲中,即清晰地表达了人类学的立场与观点:

> 中华民族有着悠久的古代文明,然而这种古代文明现在正处于一个急剧变化的过程中。以往中国传统文明的发展几乎完全独立于欧洲,因而中国文明较之西方文明有着自己明显不同的优点和缺点。试图对中西文明的优劣下一个定论是徒劳无益的;没有一个深思熟虑的人会胆敢贸然宣称,在总体上,我们今天的西方文明比较17世纪传教士在这个天朝帝国发现的中国文化究竟孰优孰劣。但是,有一种观点轻率地认为我们西方文明比中国文明优越,也有人认为,我们西方文明不如中国文明。假如西方国家与中国之间的交往将会是有益的,那么,我们必须不再把自己看作是一种优等文明的传教士,不再把中国人视为"劣等"民族,从而极端无耻地自认为有权去剥削、压迫和诈骗中国人。我找不到任何理由可以相信中国人比我们西方人低劣;并且我认为,绝大多数对中国有着深刻了解的欧洲人,都会持有和我一样的看法。[①]

---

① 罗素:《罗素文集》,改革出版社,1996,第21—22页。

罗素作为一位英国哲学家和20世纪声誉卓著、影响深远的思想家，他在1921年所表述的对西方文明与中国文明的看法，乃充分吸取和反映了当时因人类学的发展而逐步放弃西方文明中心论的立场和观点。这一立场和观点，无疑使西方文明开始走出妄自尊大的藩篱，进入对自己的定位与认识更趋理性、客观和批判性的阶段。

因此，人类学研究对人类文化的一个重要贡献，是揭示了每一种文化都只能通过"他者"才能认识自己这一重要的文化定律。

第二，人类学的另一个重要贡献，则是提出了"文化相对论"的观点与思想。这是人类学在认识和研究人类文化方面做出的另一重要贡献，并已成为当今世界人们看待文化的一个普遍共识。文化相对论的基本观点认为，文化是相对的，每一种文化都有其自身生成环境和发展历史，都有其自身的特点和独特价值，文化之间在根本上并不存在高下之分。我们不能说某一种文化比另一种文化更高明，也不能用自身的文化标准去评判另一种文化。正如我们不能说英语比汉语高明，不能说某一种生活方式就比另一种生活方式更优越，不能说某一个民族的服饰比另一个民族的服饰更好，等等。文化相对论不但为我们提供了文化之间相互看待以及如何与异文化、多元文化相处的基本立场、态度和思想方法，同时也为我们提供了不同文化之间相互沟通、认识与理解的正确路径。

综上，人类学揭示的两个基本文化定律，无论是哪一种文化都是通过"他者"、通过文化的交流与互鉴来认识自己；其所秉

187

持的以"文化相对论"这一看待不同文化的基本立场、态度和观念,其思想精髓都是一种"平等"和"包容"。而这种平等地看待不同文化、包容文化之间差异的观念,其思想内核可以用一个字来概括,那就是"和"。因此,从根本上说,人类学在文化上所提供的正是一种"和"的思想与观念。

需要指出,在中国传统文化中,一个源远流长、贯穿始终的思想观念正是"和"。倘若把中华文明置于世界文明的大格局中来审视,中华文明数千年的历史演进,正如钱穆先生的概括,有两个最突出的特点,一是"扩大",二是"绵延"。[①] 以"扩大"而论,贯穿中国历史演进的总趋势即是由分散到统一,由局部到整体,由"多元"走向"一体",最后成为一个地域广袤和多民族的大国,一个休戚与共的中华民族共同体。以"绵延"而论,中国作为一个泱泱大国,她的民族与文化,疆域的统一,数千年来代代相传,绵延不绝,这在世界历史上是罕见的。中华文明是世界四大文明古国中唯一延绵至今而未曾发生过大的断裂和中断的文明。事实上,中国数千年的历史,从很大程度上说正是一部多民族聚合的历史。顾颉刚以对中国历史的深刻洞悉指出:"整部的中国历史的主要问题就是内外各族融合问题。"[②] 费孝通对中华民族形成与发展的历史轨迹则作了这样的归纳:"中华民族的主

---

① 钱穆《文化与教育》:"中国文化,无疑为世界现文化中最优秀者。取证不在远,请即以中国文化之'扩大'与'绵延'二者论之。啊,中国文化拥有四万万五千万大群,广土众民,世莫与京,此即其文化伟大之一征。"参见钱穆:《钱宾四先生全集·文化与教育》,台湾:联经出版社,1998,第7—8页。
② 顾颉刚:《续论"中华民族是一个":答费孝通先生》,《益世报·边疆周刊》第20期,1939年5月8日。

流是由许许多多分散孤立存在的民族单位,经过接触、混杂、联结和融合,同时也有分裂和消亡,形成一个你来我去,我来你去,我中有你,你中有我,而又各具个性的多元统一体。"①

在中国数千年的历史演进中,能够把如此众多的民族、众多的文化逐渐糅合到一起,整合成为一个政治实体和中华民族命运共同体,变成一个统一国家,原因很多,但是其中的一个重要原因,正是中国传统文化中始终存在一种包容与"和"的思想。《春秋》曰:"夷狄入中国则中国之,中国入夷狄则夷狄之。"《论语》云:"远人不服,则修文德以来之。"所谓"文德",正是指文化。②所以,在中国古人的思想观念中,夷、夏的界限在"文化"而不在血统,二者可以相互转化。正如钱穆指出的:

> 依照中国人想法,天时、地理、血统不同,民族性不同,均不碍事。只要有一番教化,在此教化之下,有一番政治,"教化"与"政治"便可形成一个文化而发出大力量来,自然可以道并行而不相悖,万物并育而不相害;自然可以尽己之性而尽人尽物之性;自然可以会诸异于大同,而天下自达于太平之境。试问此是中国文化理想中所含蕴的何等见识,何等抱负?宜乎在此文化大理想之下,可以形成一伟大无比的大民族,而直传至今依然坚强不衰,刚毅不屈。在将

---

① 费孝通:《中华民族的多元一体格局》,《北京大学学报》1989年第4期。
② 钱穆:"《春秋》的学者所谓'诸夏而夷狄则夷狄之,夷狄而进乎诸夏则诸夏之',此说决不错,而夷、夏界限在'文化'不在血统,即此可证。"参见钱穆:《中华文化十二讲》,九州出版社,2001,第59页。

来，它依然会发生大作用。①

正是在这种以"文德"即以文化来看待和包容民族差异的基础上，自先秦时代起中国就开始形成了"以夏变夷""有教无类""四海之内皆兄弟"等观念与思想。事实上，这种重文化，并以文化上的包容为主要特点的夷夏民族观不但贯穿于中国历史的始终，而且也使得各个历史时期不同民族尤其是"夷""夏"民族之间的交流、融合成为可能。而这种以文化包容为主要特点的夷夏民族观，其真正的内核与精髓正是一种"和"的思想。从很大程度上说，"和"的思想正是自秦统一以来，中国的地域与民族得以不断"扩大"、文化得以"绵延"乃至中华民族最终得以形成的一个关键。

今天由56个民族组成的中华民族，能够成为一个稳定的共同体，所依赖的同样是一种文化上的"和"与包容。如果我们把中华民族看作是一个长城，把构筑这个长城的各个民族和各种不同文化看作是一块块砖，那么，要把砖变成长城是需要有黏合剂的，这个黏合剂，在很大程度上正是"和"的思想与文化上的包容。

《国语·郑语》里面有一句话，叫"和实生物，同则不继"②。"和"才能产生新事物，才能成为发展动力；"同则不继"，就是说，完全同质化的事物难以持续和发展。古人的智慧，我们需要

---

① 钱穆：《中华文化十二讲》，九州出版社，2001，第59页。
② 《国语·郑语》，上海古籍出版社，1998，第515页。

充分尊重和吸纳。"和实生物，同则不继"这简单的八个字，包含了很多哲理。中国古人很早就认识到"和为贵"的道理，"和"的观念成为自古以来中国社会结构中处理各种社会关系的基本出发点。①今天，我们尤其需要从"和"的思想与观念来认识和把握中华民族的基本特点。费孝通指出中华民族的最大特点是"多元一体"。事实上，在"多元"和"一体"之中，"一"和"多"是一个互为前提、相互支撑的结构。"多元"是客观现实，今天中国版图内的民族及文化之间存在差异是一个不可否认的客观存在，这种差异性很大程度上也是中华民族多姿多彩、充满活力及内在发展动力的原因所在。那么，"一体"是什么？为什么说中华民族是"一体"？其实，今天中华民族的"一体"，深刻地体现于"三个离不开"，即"汉族离不开少数民族、少数民族离不开汉族、各少数民族之间也相互离不开"，这是今天中国最重要的现实。

在中华民族"多元一体"的结构中，"一"是由"多"支撑并生发出来的，而"多"则是以"一"即"各族人民的共同意志和愿望"为发展前提。所以，"一"和"多"乃同一事物的两面，二者既不能相互否定，也不能相互替代，否则无论对"一"或"多"都只会造成损害。因此，理解中华民族共同体意识，关键是要处理好"一"和"多"之间相互支撑、相辅相成的辩证关系，在二者之间建立一种和谐与平衡。中国古人对待世间万物，

---

① 麻国庆：《费孝通先生的第三篇文章：全球化与地方社会》，《开放时代》2005年第4期。

有一个重要观点，叫"中庸"。"中庸"就是平衡，不走极端，走极端往往要付出很大代价。从"中庸"又发展出"中和"的思想。所谓"中"就是追求平衡和不走极端，所谓"和"，就是用"平和""和缓""圆润"的方法来处理问题，这是一种很重要的思想方法。毫无疑问，要在中华民族"多元"与"一体"之间建立一种和谐与平衡，在根本上同样离不开"和"的思想。

要在"一"和"多"之间建立和谐与平衡，离不开"和"的思想。那种企图用"多"来消解"一"，或是通过消灭"多"来达成"一"的想法不但违反常识，而且具有极大的破坏性，是非常愚蠢的。我们应该充分认识到，"和"是世间最强大、最持久的力量。

人类学所秉持的平等看待文化的思想与观念，同中国传统文化中源远流长的"和"的思想及以文化包容为主要特点的民族观，完全吻合。原因在于，中国是在东亚地域板块中逐渐形成和发展起来的一个多民族国家，数千年来众多民族和不同文化在该地域频繁地接触、混杂、联结和融合，在这一漫长历史过程中，先人们以极高的智慧和远见卓识形成以文化上的包容及"和"的思想来处理民族及文化问题的传统。从很大意义上说，历史上中国各民族能结成休戚与共、互助合作的紧密联系并进而成为一个整体，正是有赖于这一传统。故文化上的包容与"和"的思想正是中国人处理民族及文化问题的智慧结晶。

需要指出，人类学同样是应全球化过程中人类文化之间如何相互沟通、理解之需要而产生的，人类学提供的与异文化、多元文化相处的观念和思想方法，特别是文化相对论等平等看待文化及以"和"为核心的思想观念,同中国传统文化中的包容与"和"的思想完全吻合的事实,意蕴深长,且耐人寻味。它至少揭示了两点:第一,中国传统文化与人类学在处理民族及文化问题上不但殊途同归,且具有同等智慧;第二,充分印证中国特色处理民族及文化问题的方式的先进性、优越性,印证中国文化中源远流长的"和"的思想及以文化包容为特点的民族观在当今具有强大的生命力。

很显然,在文化包容与"和"的思想观念上,中国传统文化与人类学乃"貌异而神合",二者在思想内核上是高度契合的。这意味着,人类学作为一门现代人文基础学科,其所倡导和秉持的平等看待文化即文化上"和"的思想,对中国特色处理民族及文化问题的思想观念与方法可以形成强有力的学科与学理支撑,不仅可以使我们更好地认识、总结和提升中国特色处理民族及文化问题的思想观念与方法,使之通过与现代学科体系的融合而进一步发扬光大,从而为中国特色处理民族及文化问题发挥更为积极而重要的作用。

另外,人类学不仅能帮助我们了解和认识自己,也能帮助我们认识世界。

当下,随着中国的不断崛起,中国开放与融入世界已经成为不可逆转的趋势,且步伐逐渐加快。在此背景下,中国不但越来越需要正确地了解和认识自己,也越来越需要深入、客观和全面地认识世界。人类学不可替代的一个重要功能,恰恰是能够帮助我们认识"他者",并且人类学的研究证明,只有通过认识"他者",才能找到真正能够了解和认识我们自己的"镜子"。

任何一个民族、一个文化、一个国家，乃至个人，都只能通过"他者"才能认识自己。正如苏轼诗中所言"不识庐山真面目，只缘身在此山中"。认识自己途径是"超越"自身，而超越的途径则是了解和认识别的文化，认识"他者"。我们都明白一个道理，一个人如果生活在封闭的环境里，他永远都不可能认识自己。而只有当他处在一个群体之中，通过接触和认识周围的人，他才能够真正认识自己，知道自己的个性与特点，知道自己在群体的地位与角色，等等。其实，对一个民族、一个文化、一个国家的自我认识来说，道理完全一样。前已提到，人类学起源于西方对殖民地的研究。在殖民扩张以前，西方文明是非常自负、非常自我中心的，但在殖民扩张过程中，对非西方社会和殖民地的研究，反过来则大大促成了西方文明对自身的认识。随着人类学知识体系的产生与发展，随着"文化相对论"观点的确立，西方文明的傲慢与盲目妄自尊大在很大程度上竟逐渐被消解，而开始趋向更客观、更理性地来认识自己和世界各种不同的文化。

中国是一个古老的文明古国。从清代开始，由于长期自我封闭和盲目自大，我们逐渐落伍。进入近代，西方殖民侵略使我们不得不打破封闭，开始睁眼看世界。如果说前一百年，我们主要是认识世界，学习世界的先进科学技术、思想文化和制度，是"从中国看世界"，那么，在后一百年即20世纪后期及21世纪，随着改革开放，随着中国的崛起和逐步融入世界，我们现在面临的重要任务，则是要"从世界看中国"，明白"我们是谁"，这是真正认识我们自己的基本路径。由"从中国看世界"转为"从世界看中国",正是我们当下所面临的重要使命。无论是"从中国看世界"还是"从世界看中国",都是我们了解和认识中国,认识世界并进而认识自己的必要途径。例如,李济先生曾旗帜鲜明地指出:"中国上古史须作为世界史的一部分看,不宜夹杂褊狭的地域成见。"并认为:"中国历史是人类全部历史最光荣的一面。只有把它放在全体人类的背景上看,它的光辉才更显得鲜明。把它关在一间老屋子里孤芳自赏的日子已经过去了。"[1]李济先生1923年在哈佛大学获得人类学博士学位,是中国现代考古学的重要奠基人。他之所以具有这样的眼光和见识,正得益于人类学的视野与学科训练。张光直先生曾用"人类学派的古史学"来概括李济先生的中国古史研究体系与方法,认为:"把中国文化放在世界文化里面来研究的态度,也是李先生所主张的人类学派古史观的一个重要成分。"[2]

记得1997年,我作为一名青年学员参加在云南昆明举办的"国家教委第二期社会文化人类学高级研讨班",参会的有很多人类学界的前辈先贤如林耀华、李亦园、田汝康等先生。其中我印象很深刻的是田汝康先生的发言,他在发言中语重心长反复强调一个观点:人类学的使命和任务就是要"了解中国""认识中国"。他讲到他们当年学习人类学从国外留学归来,一个强烈的使命和愿望就是想"了解中国""认识中国",正因为如此,他们

---

[1] 李济:《中国民族的形成》,胡鸿保、张海洋等译,江苏教育出版社,2005,第7—8页。
[2] 张光直:《人类学派的古史学家——李济先生》,台北《历史月刊》第9期。

回国后就一头扎在中国的田野之中,他讲到了当年的"魁阁"[①],在那么艰苦的条件下,白天做田野调查,晚上在油灯下整理调查材料和进行讨论,大家只有一个强烈的信念,这就是"了解中国""认识中国"。田汝康先生反复强调"了解中国""认识中国"的重要性,反复强调人类学最重要的使命和责任就是了解和认识中国。当时我人年轻,阅历和见识尚浅,对田先生的观点虽记忆深刻却体会不深。今天回过头来看,田先生所言相当深刻和中肯,从某种意义上说,这应是田先生他们那一代学人对人类学使命与人类学家责任的深刻认识与感悟。

当下中国,处于一个思想、观念较为复杂的时期。这一点,只要每天看看微信上面的信息就会明白了。微信上什么样的思想观念和奇谈怪论都有,有些很有意义很有价值,但其中也有很多是违反常识的,甚至是荒诞不经的。其实这种混乱很大程度上正是源于自我认识和自我定位的混乱,根源就在于我们不知道自己是谁,不知道中国是谁,更缺乏对世界的正确了解与认识。世界上有一个东西是最难的,那就是认识自己。人最难的是认识自己,一个国家、一个民族,亦同样如此。人类学在认识中国、了

[①] "魁阁"指位于昆明近郊呈贡县一座清代遗留下来的魁星阁。1940年为躲避日机轰炸,费孝通将在云南大学组建并与燕京大学协作的社会学研究室迁往呈贡魁星阁,当时迁往魁阁的学者有费孝通、陶云逵、许烺光、瞿同祖、林耀华、李有义、张之毅、史国衡、田汝康、胡庆均、谷苞等,其中不少是由海外学习人类学归来的学者。他们白天深入云南农村、乡镇及工区、工厂、劳工等进行调查,晚上则挤在狭窄的魁阁里借着油灯整理调查笔记并进行学术讨论,直到抗战胜利后才搬回校本部。5年中,魁阁学者产出了大批优秀的人类学、社会学研究成果。后世将魁阁学者的人类学、社会学研究精神概括为"魁阁精神"。

解中国乃至帮助我们认识世界方面具有明显的优势，主要有以下三个原因：

一、人类学的关注焦点和研究对象是文化。文化是一个国家、一个民族的根基。文化决定了人们的行为模式与思维方式，深刻影响政治和经济。所以，文化是认识一个国家、一个民族的基础。

二、人类学对于文化的观察、分析、比较与认识，已经形成一套较为成熟、完整的理论、方法和独特学科视野。尤其是人类学立足于田野调查，"通过参与观察的田野作业、社区民族志和文化比较，追求对个人、社会和人类文明的完整性理解"[1]，这一点，为其他任何涉及文化研究的学科所无法比拟。

三、人类学是研究人类的文化，并以增进人类文化之间的平等、尊重和相互沟通与理解为宗旨。人类学所提供的正是如何与异文化、多元文化相处的观念和思想方法。这一基本特点，使人类学成为一个最无文化偏见，最具有世界眼光和人类视野的人文基础学科。如果我们要想从学科层面正确、全面地认识世界，进而客观地认识我们自己，而不是从经验层面主观和支离破碎地认识世界并进而片面地认识自己，那么，我们就离不开人类学，离不开人类学对于人类文化的完整性理解、认识与研究。

再有一个，人类学是我们与世界沟通交流、对话的重要学科领域。

---

[1] 郭金华、高丙中执笔起草的《关于中国人类学的基本陈述2.0（讨论稿）》，澎湃新闻网：《北京大学人类学本科开班，为大陆第四个人类学本科专业》，https://www.thepaper.cn/newsDetail_forward_4394478。

我们知道，在自然科学领域，数、理、化等学科无国界。人类学同样没有国界。这是因为，从人类学的产生与发展历程看，人类学的宗旨正是增进不同文化、不同文明之间的沟通与理解。人类学的视野、理论、方法与话语均是国际化的，因此，人类学也是最有助于我们与世界进行沟通、对话的一个重要的人文学科领域。

当前，随着不断发展与崛起，中国正以越来越开放、越来越融入世界的姿态出现。当今人类面临的主要困境与挑战是什么？人类文明发展的根本需求和基本趋势是什么？什么是人类的共同意志和愿望？如何求同存异？如何在尊重人类文化差异性的基础上发扬人类的共性？等等。要很好地回答这一系列问题，都离不开人类学这一现代学科的参与。

需要指出，当今随着走出国门的人越来越多，人们对世界的观察与认识也越来越丰富、具体，越来越多元化和见仁见智。但是，由于中国的传统思维多偏向于感性和笼统，经验式的观察与思维较为发达，所以，我们对世界的认识也比较容易偏向于主观和感性。相对而言，比较缺乏从人类学学科层面的更具客观性且更系统、理性地对外部世界的考察、分析和认识。这种局面在很大程度上限制了我们观察、认识外部世界的视野，很大程度上也限制了我们与世界进行沟通、对话的能力。人类学是一个国际化的人文学科领域，随着中国日益走向世界，并积极地融入世界，随着中国企业在海外投资逐年上升，随着中国企业走出国门，更多地到海外发展，中国企业所遭遇的文化冲突与文化问题也越来越普遍和凸显，这些均需要有人类学的研究参与其中，需要有人类学的调查、分析与研究。从此意义上说，人类学将日益成为中国与世界进行沟通、对话的一个重要学科领域。

毫无疑问，时代的需求和当今中国的发展及不断融入世界的步伐，已经赋予中国人类学更大的使命与责任。但与使命和责任相比，中国人类学的学科地位及发展状况却并不匹配。这首先表现在两个方面：

其一，由于在中国当前的学科目录中，人类学并未被列入一级学科，而只是社会学下面的一个二级学科，所以，在当前高校的"双一流"学科建设中，人类学的学科地位明显下降。

其二，中国高校中人类学专业人才培养所占的份额较低。虽然目前在民族学专业的本科及研究生培养方案中要开设人类学课程，但一般只是作为民族学的一门辅助课程，而人类学本科专业人才培养所占份额也偏低，目前只有中山大学、厦门大学和山东大学在本科阶段开设有人类学专业。有一个现象非常值得我们重视，这就是在当今英、美、德、法等发达国家，人类学均是大学教育体系中必修的基础课程。据统计，在QS世界排名前300的著名高校里，除少数专门学校以外，80%以上的名校都开设有人类学专业，甚至包括麻省理工学院这样的工科名校。这与中国人类学发展现状形成鲜明对比。当前人类学的学科地位与发展现状，显然与中国日渐崛起和融入世界且经济体量已居世界第二的大国地位极不相称。这一现象颇值得我们深思。

人类学的学科地位与发展现状不佳，带来的一个严重后果，就是使我们在许多领域的研究水平难以提高，甚至走入经验式和主观研究的"胡同"。今天在人文社会科学研究中，我们常常混淆一个东西,这就是"学科"(discipline)与"领域"(field studies)的区别。我们常把一些"领域研究"当作学科。例如,在我国民族研究领域中,有不少被缀以"某某学",如"藏学""蒙古学""彝学"等,其实它们只是研究领域,而非学科。领域研究是要靠学科来支撑的,要从学科层面,运用学科的理论、方法和视角来进行具体的研究。以"藏学"而论,可以分别从历史学、人类学、宗教学、社会学、语言学、文献学、文学等学科的方法和角度进行研究,只要研究对象是涉藏的,均可算作"藏学"。但是,若错把领域当作学科,没有学科的意识,忽视学科方面的扎实训练与积累,缺乏必要的学科素养与视野,领域研究就会陷入主观片面和经验主义的泥潭,不仅理论、方法和视野难以提升,而且会长期在低水平位置徘徊。需要指出,由于人类学是学科而非领域,它寻求对人类文化的完整性理解,并形成了一套系统的、完善的知识体系和思想方法,因此,人类学不仅对民族学、社会学构成重要支撑,同时它作为一门现代人文基础学科,还具有口径宽、适应面广等超学科的特点。这使得人类学向许多学科领域渗透,从而形成了历史人类学、文化人类学、经济人类学、宗教人类学、语言人类学、旅游人类学、艺术人类学、生态人类学、医学人类学等众多分支学科。这些被称作"某某人类学"的人类学分支,是用人类学理论、角度、方法和思想理念来关注和研究上述学科领域中的人文与文化现象,这不但拓宽了上述学科的研究视域与思路,也极大丰富和拓展了人类学的研究领域与范畴,故人类学与诸多学科的交叉与结合,在很大程度上也成为我国人文社会科学开拓、创新的一个动力源泉。由于人类学所具有的上述特点，故当其学科地位和发展状况的滞后，其牵涉面与影响面就甚广，使许多与文化相关的学科和领域研究缺乏必要的文化视域与学理支撑，这一局面，将给中国人文社会科学总体发展水平的提升造成较大的瓶颈。

我们应看到，在人文学科领域中，有两个最基础、最重要同时也最为宽泛和具有包容性的学科，一个是历史学，一个是人类学。前者以人类历史为研究对象，后者以人类文化为研究对象；前者是纵向的，后者是横向的。事实上，我们认识一切与人类相关的事物，都离不开"历史"与"文化"两个维度。古希腊哲学家柏拉图曾就人类整体提出三个原问：1."我从哪里来？" 2."我是谁？" 3."我到哪里去？"这里面，历史学主要回答第一个问题。人类学则是回答第二个问题。只有当第一和第二个问题有答案之后，第三个问题的回答才成为可能。

由此可见人类学的基础性作用是由文化的基础性所决定。文化是人类的根基与灵魂，是人类一切行为与思维方式的源泉，只有从文化的角度，人类才能认识彼此并达成相互的沟通和理解。在当前提倡"文化自信"的时代背景下，我们不仅需要了解自己的文化，也要认识别的文化；不仅需要"从中国看世界"，也需要"从世界看中国"，而这一切均离不开人类学的视野、理论与方法。当今世界，中国文化的意义与价值何在？《大趋势》的作者美国著名学者约翰·奈斯比特曾有这样一段阐述：

> 我们相信，中国文明，作为世界上仅存的拥有悠久历史的文明之一，在高思维方面能为人类做出许多贡献，例如中

201

国人对天、地、人的看法,灵性、伦理、哲学和人际关系的丰富知识,随着中国和大中国文化圈的重新崛起,发扬其宝贵文化传统的复兴,也将为世界提供宝贵的"高思维"资源,从而有助于我们在高科技时代寻求人性的意义。①

这一有关中国文化价值同人类高科技时代相契合的独特阐释,正是"从世界看中国"的结果。费孝通先生也说:"中国社会的变迁,是世界的文化问题。"②费孝通晚年努力倡导"文化自觉",正是基于这一认识。可见,立足中国与世界的联系,立足"从中国看世界"与"从世界看中国",是我们在"文化自觉"基础上构建"文化自信"的重要前提。而这一切,均离不开"研究文化变迁、文化接触现象、现代文化的传播"③的人类学。

近年来国内不少大学已设立人类学研究机构,甚至包括一些以理工科为主的大学,这表明人类学的研究正日益受到重视。我们还欣喜地看到,去年9月北京大学正式设立人类学本科专业,开始人类学本科教育。北京大学作为中国具有深厚人文学科传统的一流名校,其设立人类学本科专业、开启人类学本科教育无疑具有示范与引领作用,同时也昭示一个事实——发展人类学已成

---

① 这段文字是约翰·奈斯比特为与他人合著的《高科技·高思维——科技与人性意义的追寻》一书写的中文版序言。约翰·奈斯比特、娜娜·奈斯比特、道格拉斯·菲利普:《高科技·高思维——科技与人性意义的追寻》,尹萍译,新华出版社,2000,第97页。
② 《费孝通文集》第4卷,群言出版社,1999,第312—313页。
③ 马林诺夫斯基:《江村经济·序言》,见费孝通《江村经济——中国农民的生活》,商务印书馆,2006,第13页。

为当前中国经济、社会和文化发展的迫切而重要的需求。在北京大学人类学本科专业开班典礼上，一些国内从事人类学研究的学者就中国发展人类学发表了看法。中山大学周大鸣教授明确提出"人类学是一门强国之学"。他指出："只有强大的国家才会有人类学学科，而我国要成为世界强国，实现'两个一百年'奋斗目标、实现中华民族伟大复兴的中国梦，就需要发展人类学。……'强国'本身已经成了我国在世界的存在状态，那就必须要有卓越的社会与人文学科研究来帮助国家处理国与国之间的关系，加强国际的合作与竞争……人类学的毕业生们也不需要担心未来的职业生涯，因为人类学已然成为国家、经济、社会和文化发展的重要需求。"[①]

需要指出，人类学虽为认识文化之"天下公器"，但文化的研究离不开文化的本土意识和问题。在中国人类学研究中，我们常常看到这样的情形，一些明明是关于中国社会与文化现象的研究个案，其得出的结论，要么是用来说明和印证西方某一人类学家所提出理论的正确性，要么是为西方人类学家提出的概念增加一种注释。一些对中国民族与文化事项的人类学研究，则罔顾该事项产生的历史条件与文化土壤，完全生搬硬套西方人类学的理论或概念对之进行阐释与研究，遂走入自说自话甚至让人不知所云的歧途。马林诺夫斯基早在80年前就对人类学的此类研究提出过严正警告和尖锐批评：

[①] 澎湃新闻网：《北京大学人类学本科开班，为大陆第四个人类学本科专业》，https://www.thepaper.cn/newsDetail_forward_4394478。

> 真理能够解决问题,因为真理不是别的而是人对真正事实和力量的实事求是。当学者被迫以事实和信念去迎合一个权威的教义的需要时,科学便被出卖了。①

可见,这种唯权威教义马首是瞻的人类学研究,不但被西方人类学家唾弃,对初涉人类学的年轻学人产生的毒害与误导,也给中国人类学的发展带来较大危害。因此,中国人类学要获得良好的发展,承担起时代赋予的使命与社会责任,真正成为一门"强国之学",就必须立足中国,面向世界,从"书斋"到"田野",发扬"魁阁"精神,深入中国社会的各个方面,积极主动地拥抱中华文化和中国历史,从中华文化、中国历史中汲取营养与智慧,扎根于中国土壤,提出、探索和解决中国文化与社会的重大问题。只有这样,中国人类学才能具有恒久生命力,担当起时代使命与社会责任。

1938年,英国人类学家马林诺夫斯基在为费孝通博士论文的出版所撰写的序言中,对人类学的发展写下了如下一段话:

> 那面向人类社会、人类行为和人类本性的真正有效的科学分析的人类学,它的进程是不可阻挡的。②

---

① 费孝通:《江村经济——中国农民的生活》,商务印书馆,2006,第13页。
② 费孝通:《江村经济——中国农民的生活》,商务印书馆,2006,第15页。

费孝通则对人类学的前途与价值作了中国式表述：

> 各美其美，美人之美，美美与共，天下大同。[1]

以上所言，正是人类学之生命力所在。

---

[1] 这是1990年费孝通80岁生日时与老朋友欢叙，瞻望人类学前途所说的话。参见费孝通：《人文价值再思考》，载费孝通著，麻国庆编：《美好社会与美美与共：费孝通对现时代的思考》，生活·读书·新知三联书店，2019，第294页。

围炉夜话：如何做中国民族史研究？
——马长寿、周伟洲治民族史的启示

2023年，中国民族史学会成立40周年，要在广州召开40周年暨第25届学术年会。学会负责人来电话，说作为学会顾问，让我说几句话，录成视频在开幕式上播放。推辞不过，只好应承。说些什么，却让我犯难。说祝贺之类的话，自然省事，但我以为，这应是资深前辈所为。说几句"趋势""责任与使命"之类带有方向性、鼓励性的话，同样有以"前辈"自居之嫌，自居总让人惶恐。近年，由于迭代，民族史领域涌现了许多年轻人，或可以"过来人"身份，谈些经验体会之类。但转念一想，我们这代人的经验、体会对年轻人未必合适。社会在进步，他们所处时代环境、面临的问题同我们已大不一样。思来想去，只好结合自己做民族史的一点感悟，简单写了几条，权作交差。但这事却触发我对如何做民族史的一些思考，感觉当时的几条太简单，意犹未尽，遂撰写此文。为避免空洞说教和居高临下，我想，最好还是像炉边夜话，说一些我们熟悉的前辈学者做民族史的故事，顺便聊聊个人的一些观察、理解和思考。这对于认识民族史的特点及如何做民族史研究，或许有所裨益。

一、马长寿先生在民族史领域何以取得卓越成就？

说一件我最近经历的事。

前不久，我应教育部民族教育司邀请，赴陕西师大给来自全国的中学教师们做一场讲座。因到得早，正好赶上周伟洲关于其师马长寿先生的一场讲座。讲座题目很有意思，叫"师者周论"。"师者"指马长寿先生，"周论"指马先生弟子周伟洲。讲座有个副标题："大家风范，事业永存：记民族学家、历史学家马长寿先生"。我读过马长寿先生不少论著，对其学术和生平略有所知，但从未听周老师系统讲过马先生。令我惊讶的是，周伟洲时年83岁。一位耄耋老人，给年轻学子做讲座，传授学问之道，这本身就让人肃然起敬。

周老师还是那样矍铄，精、气、神不减当年。讲起自己的恩师，讲起当年在马先生严格指导下的求学经历，满怀师生情谊，真切生动，娓娓道来，一切恍如昨日。

马先生在民族史领域的卓越建树已不用我在此饶舌。[1]李绍明先生曾这样评价马先生的《凉山罗夷考察报告》："迄今最为

---

[1] 参见王宗维、周伟洲编：《马长寿纪念文集：纪念马长寿教授诞辰85周年逝世20周年》，西北大学出版社，1993。

科学、系统、翔实的典型的凉山彝族民族志,但与西方所写民族志大不相同,其中专门写了'罗彝之起源神话''罗彝古史钩沉''罗彝迁族'和'凉山罗彝系谱'等4章。他不仅运用田野实地调查资料,而且还运用了不少彝文文献与汉文文献史料对比勘合,解决了历史上未能解决的一些认识问题。"[1]林幹先生称马长寿是"第一个运用马列主义研究古代北方民族历史的学者"[2]。马先生的著述已成为学术领域之圭臬,是从事中国民族史研究的必读书。在一次学术会上,我同一位功力甚深、做民族学人类学研究的学者聊起马先生,他深有感触地说,过去在他心目中,马先生主要做民族史研究,读了《凉山罗彝考察报告》才明白,马先生不但是民族史的大家,也是杰出的民族学人类学家,其田野调查堪称一流,尤其是通过田野来认识、理解民族和剖析其社会文化的能力,在老一辈学者中数一数二。他感叹道,这本书若能在考察后及时出版,马先生会成为中国的"摩尔根",不仅在中国,在世界人类学领域也会产生巨大影响。

一个有意思的问题是:什么造就了马先生,什么使马先生取得如此卓越的成就?这是一个见仁见智、难有固定答案的问题。不过,据我有限的观察和理解,除天赋异禀之外,有两点在马先生的民族研究中十分突出:一是知识背景,二是田野调查。我以为,这两点与马先生学术成就的关联性最强,也最为关键。

---

[1] 李绍明:《略论中国人类学的华西学派》,《广西民族研究》2007年第3期。
[2] 林幹:《论马长寿先生在中国古代北方民族史研究中的杰出成就》,王宗维、周伟洲编:《马长寿纪念文集:纪念马长寿教授诞辰85周年逝世20周年》,西北大学出版社,1993,第20页。

我们先来看1936年马先生赴川康地区做民族研究时读些什么书，有怎样的知识储备。

马先生1929年考入中央大学社会学系，接受社会学人类学训练，1933—1936年留校任教。因发表论文受到李济先生赏识，于1936年调入中研院史语所的中央博物院筹备处。自该年起，马先生深入川康民族地区，开展五年多的民族考察与文物搜集工作（1936—1942年）。1939年，马先生三次川康调查收集到的文物标本和图书、设备等，在运往嘉定（乐山）后毁于日机轰炸引起的大火。这批财物包括不少图书，是马先生考察期间随身携带的参考资料。事后，马先生根据回忆开列损失图书的书单。周伟洲老师的学生王欣赴台时，在台北故宫博物院和"中研院"史语所档案中，查到当年马先生开列的损失书目。这是一份反映当年马先生读什么书的珍贵材料。根据这份材料，马先生当时读的书有：《蛮族社会之犯罪与风俗》、《人地学原理》、《社会人类学概论》、《人种学》、《巫术、科学、宗教与神话》，*English-Tibetan Colloquial Dictionary*、*Argonautsothe Western Pacific: An Account of Native Enterprise and Adventure in the Archipelagoes of Melanesian New Guinea*、*Kinship and Social Organization*、*Social Anthropology*、*The Mind of Primitive People*、*Sources Book of Anthropology*、*Bible in Tibetan Language*等中英、德、法、日文献40余种。[①]

[①] 参见王欣：《马长寿先生早期民族学研究的知识结构与学术旨趣——兼论20世纪30—40年代中国民族学本土化研究范式》，《民族研究》2016年第2期。

以上书单，几乎囊括当时西方人类学的主要经典著作，其中许多是未翻译的原著。马先生虽未留洋，却广泛阅读西方人类学民族学著作，特别是美国历史学派与英国功能学派的著作。为阅读西方人类学原著，还自学了英、法、德等文。① 古人言"他山之石，可以攻玉"，马先生进行川康民族考察后，能写出《康藏民族之分类体质种属及社会组织》《中国西南民族分类》这样在西南民族研究上开风气之先的论文，绝非偶然，与其所受社会人类学训练和阅读西方人类学经典密不可分。毫无疑问，马长寿先生是运用西方社会人类学理论、方法和视野来研究中国民族的学术先驱之一，这是马先生川康民族考察中能写出诸多传世经典的重要原因。

再看马先生的田野。田野是马先生民族研究的起点，也是其学术生涯的最大特色。仅1937—1941年，马先生就多次前往川康地区考察，田野足迹遍及川西南和川西民族地区，考察对象包括罗彝、么些、猓猓、苗人、羌民、嘉戎、西番等人群。② 自1936年以来，马先生广受赞誉的一系列传世佳作，如《康藏民族之分类体质种属及社会组织》《凉山罗夷的族谱》《嘉戎民族社会史》《中国西南民族分类》《南诏国内的部族组成和奴隶制度》《碑铭所见前秦至隋初的关中部族》《同治年间陕西回民起义历史调查

---

① 参见王欣：《马长寿先生早期民族学研究的知识结构与学术旨趣——兼论20世纪30—40年代中国民族学本土化研究范式》，《民族研究》2016年第2期。马长寿先生学习语言的能力极强，其做彝族地区调查时，学习彝语词汇、文法并用以分析凉山彝族的社会组织。参见马长寿著，李绍明、周伟洲等整理：《凉山罗彝考察报告》，巴蜀书社，2006，第201—372页。
② 参见王欣：《马长寿先生的川康民族考察》，《中国边疆史地研究》2013年第4期。

记录》及遗著《凉山罗夷考察报告》等,无一不是以扎实、深入的田野调查为基础。

有学者认为,马先生学术生涯大致可以1949年界,划分为前后两个阶段。前一阶段是以社会人类学的理论、方法立足田野调查,对西南民族的社会、历史、文化和制度开展民族学人类学研究,集大成者是《凉山罗夷考察报告》;后一阶段是从民族学转向民族史,陆续出版6部民族史系列著作。此看法虽大体成立,但过分强调和拘泥这种划分,会带来两个缺陷:第一,容易给人造成民族学人类学同民族史之间两不相干、彼此脱节的错觉;第二,会给我们从整体上理解马先生的民族研究带来一种割裂。事实上,以民族为研究对象的民族学人类学,同民族史之间存在紧密内在联系。二者皆以民族为研究对象,区别只是角度不同罢了。事实上,1949年以前马先生运用社会人类学理论、方法,立足田野调查进行的一系列民族研究,从相当程度说,正是他1949年以后在民族史研究领域取得卓越成就的基础,也是主要原因。诚如王欣所言:"马先生一生的学术活动虽然经历了从民族学到民族史的转变,但他的早期民族学知识结构乃至研究方法,对于其此后自成一派的民族史研究风格的形成产生了直接而重大的影响;从方法论的层面上而言,两者可以说是一脉相承的。"[1]

马先生的民族研究,带给我们的重要启示是,做民族研究,无论是民族学还是民族史,第一,必须要有民族学人类学的视

---

[1] 王欣:《马长寿先生早期民族学研究的知识结构与学术旨趣——兼论20世纪30—40年代中国民族学本土化研究范式》,《民族研究》2016年第2期。

野、理论和方法；第二，必须要有田野，并且要将民族学、人类学的视野、理论和方法运用于田野，将研究建立在扎实深入的田野考察之上。我以为，马先生所以能在民族学、民族史研究领域取得卓越成就，与这两点密不可分。

二、周伟洲治民族史给我们的启示

周伟洲是马先生弟子，也是马先生的学术传人，不但以杰出的研究承续马先生的学术脉络，还致力于一件嘉惠学林、功德无量的事——整理出版马先生的学术遗稿和论著。近年来《凉山罗夷考察报告》及马先生系列著作的再版，均是周伟洲亲力亲为的结果。[①]

因我的授业恩师李绍明先生同周伟洲老师关系亲密，我得缘很早认识周伟洲老师并执弟子礼。无论是陪李绍明先生去西安，还是周老师来成都，都会愉快相聚，每次相聚都欢悦而融洽。很巧的是，马长寿先生1949年后多次来四川，均由李绍明老师接待陪同。这种亲密的学术联系，也促成马先生遗著《凉山罗夷考察报告》由李绍明、周伟洲两位先生共同协作整理出版。[②]因交往长久而密切，我对周老师的为人、学问十分敬仰。

[①] 2006年李绍明、周伟洲先生曾整理马长寿遗稿《凉山罗彝考察报告》上下两册，由巴蜀书社出版发行；2019年，周伟洲先生主持将马长寿先生手稿整理出版《凉山罗夷考察报告》五册影印本，题名略有改动，由陕西师范大学出版社出版发行。

[②] 2006年，由李绍明、周伟洲主持，联合陕西师范大学与四川民族学院共同整理出版《凉山罗彝考察报告》，由巴蜀书社出版发行。

周伟洲的学问及对中国民族史的贡献,完全继承马先生衣钵。这主要体现于两点。一是周伟洲继马先生之后,在北方民族史领域持续开拓,成果卓著。目前已出版的北方民族史著作有:《敕勒与柔然》(1983)、《吐谷浑史》(1985)、《汉赵国史》(1986)、《南凉与西秦》(1987)、《中国中世西北民族关系史研究》(1992)、《英国、俄国与中国西藏》(2000)、《边疆民族历史文物考论》(2001)、《长安与南海诸国》(2003)、《陕西通史·民族卷》(1998)、《英俄侵略我国西藏史略》(1984)、《唐代党项》(1988)、《西北民族史研究》(1995)等等。这些著作,均是在马先生研究中国北方民族史基础上的延续和拓展。因此,作为马先生的高徒和得力弟子,周伟洲可谓深得马先生研究北方民族史的真传,并将之发扬光大。目前,在唐以前中国西北乃至北方民族史研究领域,成绩最突出者,莫过于马先生和周伟洲师徒二人。令人钦佩的是,周伟洲同样著作等身,在民族史领域涉猎之广,著述之丰,几与马先生比肩。

不难发现,同马先生相比,周伟洲治民族史的路径、特点略有不同。周伟洲总体上偏重史学,以史学为基本立足点。周伟洲在马先生指导下,受过严格史学训练,也受过考古学训练,并曾在文物部门工作。周伟洲在论著中,对史料的搜罗、爬梳和分析十分缜密,往往广征博引、以小见大、发前人之所未发,以扎实史料在前人研究基础上提出新见,其踏实学风和严谨治学态度,与马先生一脉相承。周伟洲不少论著是集中研究魏晋南北朝时期各民族及民族政权,这一时期史实头绪纷繁,史料零散,很多史料严重缺失,研究难度极大。周伟洲老师的不少著作,以"搜采

213

广博，考核精密"（缪钺先生语）而成为"开创之作"（宿白语）。田余庆先生对周伟洲的评价是："问题能看到点子上。""是民族史研究最有成绩最有经验的学者之一。"缪钺先生称"先生治五胡十六国民族问题，著述精宏，夙为士林所敬佩也"[①]。周伟洲对魏晋南北朝时期各民族及民族政权的研究，获得宿白、周一良、张广达、田余庆、缪钺、徐萍方等史学大家的赞誉和高度认可。周伟洲曾担任"中国魏晋南北朝史学会"会长（第六届、第七届，1998—2004年）。这足以说明，周伟洲是以深厚的史学功底见长，这也正是其成果被史学界大家认可的原因。周伟洲在民族史研究上带给我们的启示是，史学的扎实功力，是从事民族史研究的基础。

有两件事一直让我不解。第一，周伟洲老师的不少著作如《敕勒与柔然》《吐谷浑史》《汉赵国史》《南凉与西秦》《唐代党项》，同马长寿先生《论匈奴部落国家的奴隶制》《突厥人和突厥汗国》《北狄和匈奴》《乌桓与鲜卑》《氐与羌》不仅在时代上接续，框架思路与研究范式也一脉相承。这是什么原因？第二，周老师何以如此高产？据我统计，自1983年以来，周老师平均不到两年写一本书，同时还发表大量论文。如此旺盛的学术创造力，动力是什么？一次聊天，我向周老师提及这两个困惑。周老师说，那时人年轻，精力充沛，也有兴趣，此外还有个强烈念头——把马先生未竟事业和心愿持续下去。周老师告诉我，马先

---

① 以上书信话语均引自周伟洲：《八十述怀》中"书信集粹"。该书为铅印本，未公开出版。第297—341页。

生去世时仅65岁,学术炉火纯青,有宏大学术抱负,也酝酿着若干填补空白的写作计划。无奈当时生活条件太差,加之家中子女多、生活困难,以致过早离世。看到周伟洲成果迭出,周一良先生曾深有感触地评论道:

> 我想到清代两位学者,一是而贵同乡顺德李文田,以粤人而研究西北边陲史地;一为俞曲园,曾国藩曾说他"拼命著书"。阁下于两家皆有近似之处,用敢举以为颂。[1]

为学术兴趣和完成老师未竟事业而"拼命著书",正是周老师治民族史的动力源泉。这是一种崇高学术使命和事业心,令人叹服。正是强烈的学术使命与家国情怀,使马先生、周伟洲成为中国民族史领域两棵参天大树。

周伟洲待人厚道、谦和、宽容,永远谦谦君子、平易近人,低调行事。在民族史领域,周伟洲不但自身成果卓著,也培养了大批弟子,许多弟子成为不同领域中的佼佼者,可谓桃李满天下。最近获知一件趣事,周伟洲受聘为西北大学申报四部委基地,任首席专家,赴北京参加答辩。当周伟洲走进答辩会场,担任答辩评委的专家全都起立向周伟洲表达敬意。答辩会场的官员面面相觑:这是谁啊,有这么大的影响力。足见周伟洲的学术影响力。这也体现了一种学术传统——对学术的敬畏与尊重。

在与周老师交往中,最令我敬佩的是他对学问的执着。据我

---

[1] 周伟洲:《八十述怀》"书信集粹",第313页。

所知，长期以来，无论寒暑、刮风下雨，也无论退休或不退休，周老师每日都去研究室读书写作，有时双休日也不例外。除了外出开会，几十年如一日，今天也仍然如此。据称周老师每年的个人成果，几乎占单位成果数量的一半。在周老师生活中，从无"退休"或"颐养天年"之类的概念。每次相见，说上三句话就会津津乐道他最近的研究和发现，并慷慨赠送新作。若是谈非学术的话题，除日常问候和交流彼此情况以外，周老师很快会变得沉默寡言。

对周老师而言，学术是一种生活方式，也是情怀，更是一种精神。我常想，在当下功利浮躁的世风下，像周老师这样浸润于学术之中，学术与生命融为一体并与生命同步，何尝不是一种很高的幸福境界，何尝不是延展生命的最好方式？笛卡尔说"我思故我在"。周老师正是如此。对真正的学者而言，让学问与生命同步，不仅是至高境界，也是最佳生活。

我没见过马长寿先生，但从"长寿"一名及《老子》对"寿"的诠释："死而不亡者曰寿。"[①]不难想见，马先生乃学术与生命融为一体者。周伟洲执着于学术的生命境界，理应得自马先生的真传与熏陶。所以，马先生、周伟洲及诸多前辈学者对学问的纯真与执着，不但是宝贵的学术精神，也是我们理解其学术的一把钥匙。

---

① 吕俞梅选编：《老子》，天津人民出版社，2017，第32页。

三、启示与讨论：如何做民族史研究？

马先生、周伟洲治民族史的经历和特点，给我们做民族史研究带来哪些启示？当然，正如世上没有两片相同的树叶，也没有完全相同的人。在人文领域，也没有"放之四海而皆准"的东西。每个人的背景、治学经历和道路均各不相同，很难放进一个套子，用同一把尺子来衡量。因此，就如何做民族史研究而言，也往往因人而异。但大体说来，我以为，马先生、周伟洲治民族史的路径与特点，给我们提供了以下重要启示：

第一，做民族史研究，一定要有人类学、民族学的视野、理论和方法。

其实，民族史与民族学的划分是相对的，二者均是认识民族的重要途径，只是角度不同罢了。马先生在北方及西南民族史领域中的卓越建树，很大程度上得力于视野、方法的开阔和跨界。特别值得一提的是，马先生《碑铭所见前秦至隋初的关中部族》一书，利用考古材料研究民族，该书在国内外获得极高评价。罗丰教授曾撰文分析讨论该书，颇值得一读。[①] 在民族史研究中，打通学科壁垒，建立综合视野与思考维度，往往是创新的秘籍。陆游说"工夫在诗外"，非常智慧，说的正是打通壁垒的重要性。那种认为民族史是民族史，民族学是民族学，彼此泾渭分明，两相区隔的概念，不仅错误，也是民族研究的无形屏障和大敌。对

---

① 罗丰：《关中胡人：马长寿和他的〈碑铭所见前秦至隋初的关中部族〉》，周伟洲主编：《西北民族论丛》第6辑，中国社会科学出版社，2008，第119—132页。

民族史研究来说，"史"是基础，"学"即民族学人类学所提供的却是视野。只有视野宏阔，才能见解高明。故在民族史研究中，兼具民族学人类学的视野、理论和方法非常重要。

在民族史研究中，我们不难发现，仅仅依据史料，就史言史，不仅路径狭窄、单一，也难以对民族获得整体性认识。任何一个民族，后面都有一个复杂的社会、制度作为支撑，文化是其社会、制度的有机组成部分。那些看不见、摸不着，支配人们行为与习俗的思想观念，往往同社会、制度紧密交织。如果不用社会学人类学的视野、理论和方法来透视和把握其社会和制度，就难以对民族形成整体认识。所以，民族史和民族学人类学同为理解民族的两翼，二者不可偏废。几年前，我在中国民族史学会一次会议总结时曾提出，如果你是史学出身并主要做民族史研究，你需要拿出一半时间、精力来进行民族学、人类学方面的阅读；相反，如果你是民族学、人类学背景，则需要拿出一半的时间精力来阅读民族历史，熟悉民族基本史料，把握其历史脉络。马先生的民族研究经历清楚告诉我们，做民族史研究，一定要有民族学的视野，缺乏民族学视野，对民族的理解和整体认识就会大打折扣。事实上，我国从事民族研究的大批前辈学者，如费孝通、林耀华、田汝康、陶云逵、史国衡、谷苞、许烺光、李绍明等最初均是受社会学人类学的学术训练，并从社会学、人类学切入中国民族研究而均取得了不凡的成绩。马先生不过是他们中的一员。他们有一个突出的共同点，虽然社会学、人类学的理论和方法主要源自西方，他们中大多数人也有留学西方的经历，但并非简单、机械地用西方人类学、社会学的概念、理论来诠释中国民族，而是一头扎进田野，把民族学人类学的视野、理论和方法运用于具体的田野考察，并结合历史记载来认识中国的民族。抗战时期的"魁阁"精神正是老一辈学者从事中国民族研究的一个缩影。①

第二，做民族史研究，一定要有田野。通过田野考察打通历史与现实，建立对民族的实感，乃认识民族的基础。

马先生的田野经历、能力在中国民族学家中屈指可数，也是他在民族史研究上取得卓越成就的原因。在不少人的观念中，民族学需要做田野，民族史则未必。其实，这是一个认识误区。事实上，在民族史的研究中，首先需要打通历史与现实，而打通的途径是田野。中国是一个世居民族国家，多数民族不仅有悠久历史，且古今之间存在一脉相承的联系，如蒙古、藏族、羌族、彝族等。田野不但有助于我们认识这些古今民族的居住环境、生存状态，也有助于弥补民族文献史料记载的局限。马先生在考察嘉绒地区后写成的至今被奉为嘉绒研究圭臬的《嘉戎民族社会史》，②翦伯赞20世纪60年代对内蒙地区进行田野考察后写出的名篇《内蒙访古》，③王明珂在田野考察基础上进行的羌族研究，④都是以田野考察为基础的民族史研究之成功范例。田野考察，既可让我们通民族的"古今之变"，也为我们认识民族开辟了广阔的历史与现实相互交叉、相互比较的观察空间。这样的视野，所带

---

① 谢泳:《魁阁——中国现代学术集团的雏形》,《北京大学学报（哲学社会科学版）》1998年第1期。
② 马长寿:《嘉戎民族社会史》,《民族研究集刊》第3、4辑,后收入周伟洲编:《马长寿民族学论集》,人民出版社,2003,第131页。
③ 翦伯赞:《内蒙访古》,《人民日报》1961年12月13日。
④ 王明珂:《羌在汉藏之间——川西羌族的历史人类学研究》,中华书局,2008。

来的优势是不可比拟的。①我在做藏彝走廊的民族研究时，对此有深刻体会。②

第三，做民族史研究，要有扎实的史学功底和宏阔的历史视野。

人类学、民族学是在研究无文字民族基础上形成和发展起来的，故田野考察成为认识这些民族的唯一手段。但中国的情形大为不同，没有一个国家有中国这么丰富的民族文献记载。因此，民族史是理解和认识中国民族的主渠道。费孝通早年主要做人类学民族学研究，曾对顾颉刚提出"中华民族是一个"的观点表示过疑义，但到晚年，却写出产生巨大影响的《中华民族多元一体格局》（实为一部简明《中华民族史》），这一转变正是回归历史的结果。对中国民族的实质，费孝通说过一句极具分量的话："民族是属于历史范畴的概念。中国民族的实质取决于中国悠久的历史。"③从此意义说，历史是认识中国民族的根脉。

历史最简单，也最复杂。简单是因为历史研究讲求实证，拿材料说话；复杂则在于历史本身复杂多变，虚实、真伪相互交织，记载民族的史料常与多种因素相混杂。如何在纷繁复杂的史料记载中，厘清民族的历史面貌和发展脉络，并非易事。所以，扎实的史学功底和宏阔的历史视野，为民族史研究所必须。周伟洲能在纷繁复杂的魏晋南北朝这段历史中梳理出各民族及民族政权的历史脉络，凭借的正是扎实史学功力和宏阔历史视野。因此，做

---

① 附国的地望。石硕：《附国与吐蕃》，《中国藏学》2003年第3期。
② 参见石硕：《藏彝走廊：文明起源与民族源流》，四川人民出版社，2009。
③ 费孝通：《顾颉刚先生百年祭》，《读书》1993年第11期。

民族史研究，史学功底是基本功和看家本领，切不可忽视。

以上是马先生、周伟洲治民族史带给我们的启示。学术归根到底是探求真理，其精髓，恰如陈寅恪为王国维撰写的纪念碑文中所说"脱心志于俗谛之桎梏，真理因得以发扬"[①]。除视野、方法和路径以外，我们更须重视和学习的，是前辈学者对学问的那份执着、坚韧与单纯。在马先生、周伟洲治民族史的生涯中，这种学术精神无处不在。周老师83岁仍给青年学子讲马先生治学之道，所体现的正是这种精神。那天周伟洲老师讲座结束后，主持人要我讲两句，我说了这样一段话：

> 一般来说，做学问没有捷径。如果有，捷径就是读经典。每个领域都有前辈大师留下来的经典，马先生、周老师的很多论著是民族史领域的经典。阅读这些经典，不但要学习他们的治学之道，也要学习他们的学术精神，学习他们对待学术的那份单纯与执着。阅读前辈留下的经典，辅以原始材料的阅读，可能正是入门或从事民族史研究的捷径。

或许有人会疑惑，经典会不会过时。事实上，在学术上，只要不是人云亦云，是基于事实、材料的独立思考和扎实研究，不但不会过时，反而具有指导意义，成为学界后辈前行的路标。如对于中国边疆，马先生曾说：

---

① 陈寅恪：《清华大学王观堂先生纪念碑铭》，陈寅恪《陈寅恪集·金明馆丛稿二编》，生活·读书·新知三联书店，2001，第246页。

> 中国只有边疆，没有殖民地……中国移民所至之处，只有事业的组合，而无政治的力量……边疆问题，我们当认识清楚是内政问题，不是民族问题。我们的政治不健全，内部不修明，自然会引发边民的反感。①
>
> 发展边民的自己的生活之道，强于灌注一种外来的方式。②

这些认识今天仍熠熠生辉，对理解边疆稳定和中国边疆研究有重要价值。又如，唐宋人将西晋末年匈奴、鲜卑、羯、羌、氐占据中原称作"五胡乱华"，此称谓被后世沿用，学术界也习惯性使用。对此，马长寿先生尖锐指出：

> 过去传统的史学界把五胡十六国的历史说成是"五胡乱华"，这种说法现在看来显然是不公允和不正确的。主要的错误在于没有承认五胡是当时国内的少数部族，把国内民族的矛盾问题同国外部族的入侵问题等同起来，所以引出"五胡乱华"的错误结论。③

又如，马先生依据对史料的深入分析，提出在魏晋南北朝时期在

---

① 马长寿：《人类学在我国边政上的应用》，《边政公论》第6卷第3期；后收入周伟洲编：《马长寿民族学论集》，第8—9页。
② 马长寿：《人类学在我国边政上的应用》，《边政公论》第6卷第3期；后收入周伟洲编：《马长寿民族学论集》，第12页。
③ 马长寿：《北狄与匈奴》，生活·读书·新知三联书店，1962，第105页。

各民族交往中,使各民族之间消弭差异、逐渐融为一体的决定性因素,是基于共同经济生活及由此产生的共同政治和文化生活。①马先生这些认识和论断是在60年前提出的,不但符合当今之时代要求,而且丝毫不因时代变迁而褪色。正如罗丰教授指出:马先生研究涉及的许多问题,"稍具规模的研究都要等到二三十年后以后的八九十年代方可出现,成为学界关心的焦点,而马长寿却在60年代初完成了。虽然,这些问题现在看来都有很大深入空间,但在这个空间中马长寿几十年前已经给我们树立了典范"。②

中国民族史的研究领域很宽泛,是认识中国民族的基础,材料丰富且学术积淀很厚,是一个大有可为的领域。我们对这个领域一定要有自信,要热爱,这是一个可以不断推陈出新,取得新进展,出思想出智慧的领域,值得我们以扎实功力和宏阔视野,深耕细作。

---

① 马长寿:《北狄与匈奴》,上海人民出版社,1962,第25页。
② 罗丰:《关中胡人:马长寿和他的〈碑铭所见前秦至隋初的关中部族〉》,周伟洲主编:《西北民族论丛》第6辑,中国社会科学出版社,2008,第132页。

记民族学家李绍明的为人与为学
——李绍明先生十年祭

诗人臧克家有两句直白而富哲理的诗："有的人活着，可他已经死了；有的人死了，可他还活着。"这诗在李绍明先生身上得到很好印证。今年[①]8月20日，是先生逝世十周年祭日，我因外出旅游，回来又忙于处理杂事，几乎忘了。这天清晨，打开手机，微信上忽然跳出很多纪念先生的文字和照片，我才忽然意识到，今天不仅是先生的忌日，而且先生离开我们已有十年。微信中有几段文字很感人，西南民族学界资深前辈何耀华先生在群中说"绍明先生永垂不朽"。西南民族大学李克建教授写道："十年，先生的音容笑貌依然如故，恍如昨日，从未曾感觉他已远离。无论多久，先生永远是我们心中最温暖最明亮的那盏灯，照亮无数学人探索之路，指引众多晚辈砥砺前行。无论做人做事，

---

① 本文写作于2019年。——编注

先生都是我们最好的榜样。十年祭日,深切缅怀我们最爱的先生。"中南民族大学的许宪隆教授写道:"李老师的学品、人品、才品永远值得我们学习。"一位过世十年的人,在他十周年祭日,网上竟自发出现这么多纪念文字,其中的意义值得我们深思。这也很好印证了"有的人死了,可他还活着"这句话。

这几天我一直在想,李绍明先生能被人们记住,并长久活在人们心中的原因究竟是什么。先生是中国民族学界和西南民族研究领域卓有建树的学术前辈,也是四川学术界的领头人,这些固然都成为可以让人记住的理由。但作为生前与先生关系亲近、过从密切的学生和学术晚辈,据我的观察和体会,先生去世10年后仍能被那么多人记起并寄予深切缅怀,凭借的不单单是学术地位与学术贡献,而是一些可能比学术本身更重要的东西。这些东西究竟是什么?我一时也很难说清,尚无法作出清晰全面的表述。但是我相信,这些东西对从事民族研究乃至正准备以学术为业的年轻人来说,将会带来重要的教益与启示。李绍明先生在学术上的贡献与建树,先生去世后已有相当数量的论文或专著作过专门的梳理与研究,[1]我自己也写过《李绍明先生与藏彝走廊研究》一文,对李先生在民族研究领域中的见识、眼光和全力推动学术事

---

[1] 据不完全统计,李绍明先生去世后,已发表研究先生学术成就与贡献的论文30余篇。主要有王明珂:《李绍明先生的羌族研究》,《西南民族大学学报(人文社会科学版)》2009年第12期;孙宏开:《情系西南民族五十载——写在李绍明先生逝世周年之际》,《西南民族大学学报(人文社会科学版)》2010年第8期;王建民:《李绍明先生与近期西南人类学的发展》,《西南民族大学学报(人文社会科学版)》2010年第1期;胡鸿保:《李绍明先生对重建中国民族学人类学的贡献》,《西南民族大学学报(人文社会科学版)》2010年第1期;等等。

业发展的事迹均作过介绍。[①]在这里,我想换一个角度,就我自己所了解和观察到的先生在为人、做事和为学上的一些事迹略作回忆,以此缅怀这位德高望重、至今仍活在无数学人和学术后辈心中的著名民族学家。

李绍明先生为人亲切、和蔼。尽管先生学术地位甚高,但与先生有过接触的人都能感到,和先生相处、交流让人非常舒服,如沐春风,没有任何压力。这自然和先生和蔼可亲、平易近人的人格魅力有极大关系。在和先生接触中,我常想,一个人能够把自己修炼到如此平易近人、待人和蔼可亲,实在需要一种很高的"道法"。这需要有非常强大的内心,因内心强大而生出一种从容与大度,一种兼容并包。俗话说"人上一百,形形色色"。一般说,人们对彼此很投缘的人持和蔼可亲的态度很正常,对那些我们自认为秉性相符、臭味相投的人做到亲切和平易近人也很自然。但是,要对那些看着不太顺眼、极为功利、虚假做作之人、小人和坏人,同样持平易近人、和蔼可亲的态度,则不是一件容易的事。先生的高明和过人之处,恰恰体现在能把不容易的事做得很容易。有一次,我和先生在云南某地的一个场合,碰到当地一位地方学者,对方一听是李绍明先生,立即缠着先生滔滔不绝,大谈特谈他的研究与重要发现,并送上好几本他的专著,我坐在旁边一边翻着这些专著,一边聆听,越来越觉得此人说的话和做的研究不靠谱,说的许多东西也经不起推敲,但其态度狂

[①] 石硕:《李绍明先生与藏彝走廊研究》,《西南民族大学学报(人文社会科学版)》2012年第8期。

妄自负。我慢慢失去了耐性，有点如坐针毡。让我不得不钦佩的是，先生却神态自若，平易亲切地倾听对方的讲述，不时插上一两句话。谈话大约进行了两个小时。当谈话终于结束，我们离开后我向先生提及那人的研究完全不靠谱时，先生也微微一笑，同意我的看法。但先生就是这样，尽管心中有数，却能够和蔼、平易地与各种各样的人周旋与交往。

先生去世以后，我曾和一位颇有见识并与先生有密切工作接触的领导一起聊起先生的为人。这位领导明确告诉我，李先生的为人太好了，但只有一个缺点，就是有时"是非不分"。我问这话怎么讲，他说先生是"好人也帮，坏人也帮"。我会心一笑，知道这是对先生为人非常了解的才能说出来的话。其实，这话真是一点不假。先生的为人很大程度上确是"是非不分"。先生为人的一贯风格是乐于助人，对求助于他的人，他常常是不分良莠，能够帮的尽量帮。我就无数次接到先生亲自打招呼，要我帮助某某人的嘱托。其实，尽量帮助人是做好事，并不为怪，也应该。但让人惊讶的是，有时先生打招呼要帮助的人，却明明是大家公认的专事钻营的小人，或是人品非常不怎么样，或是水平很差的人。但因有先生叮嘱，尽管不乐意，也只好帮。这正是那位领导所说的"好人也帮，坏人也帮"。

有一个让我印象深刻的例子。一次，某一通俗刊物的编辑找到李先生，说是要做一个关于民族走廊的专号。李先生把我们几个人找去，一块儿商量了相关内容和框架体系。之后我们均按时完成相关内容并交稿，该刊物的专号也顺利出来了。可这位编辑却消失了，从此不见踪影，稿费也没给我们。一次和先生喝茶聊天，无意中谈到这位编辑，参与撰稿的几个人一致认为此编辑太不"落教"（四川话，"不地道"的意思），李先生也表示认同。但让人费解的是，此编辑后来自己编了一本图文并茂的通俗书，私下找到李先生，让李先生给他写序，李先生竟毫不推辞地给他写了序。接下来发生的事颇让我有些惊讶：在先生去世后的祭奠灵堂上，我居然见到了那位编辑，整整三天，他都守在灵堂上，尽管没有什么人理会他。此时，我才明白一个道理，人可能都有多面性，没有绝对的好人，也没有绝对不好的人，再不好的人心底深处可能也有良知。这件事让我悟出一个道理，在先生面前没有敌人。面对先生，即使是不好的人往往也把好的一面表现出来。和先生交往，让我真切地领悟到什么是古人所说的"仁者无敌"。一个人能做到"无敌"，就达到了做人的最高境界。尽管先生心里是明白人，但先生在为人处世上遵循的原则却是"无敌"。按照正常的价值观，一个人似乎应该是非分明、爱憎分明、疾恶如仇才对。虽然先生并非没有是非底线，在做事、待人上总体看是从善如流，但在帮助人这一点上，先生的确是"好人也帮，坏人也帮"。遗憾的是，在先生生前我一直未就此问题向先生当面讨教（或许是碍于情面）。后来我常想，这或许正是先生做人的一种高度。可以想象，当你喜欢的人向你求助时予以帮助，是一件很愉悦的事；但当你不喜欢甚至讨厌的人向你求助时，仍然能给予帮助，这就需要一种胸襟与雅量，需要人格境界上的大度与包容。能做到这一点的人，必定要有很强大的内心，并有一种超乎寻常的做人高度。我想，古人所说的"仁者"，佛教所说的"慈悲为怀"，大抵就是这个意思吧。从先生身上，我开始真正领悟到一个道理——世界上最强大的人，是没有敌人的人。当然，这样的境界，远非一般凡夫俗子所能企及。而先生却能做到，由此可见先生做人的高度。

先生一生无私地帮助了很多人，尤其是先生在学术地位很高的晚年。我记得，在先生病重住院期间，很多学界知名度很高的同辈与后辈学者，不辞辛劳千里迢迢坐飞机前来看望先生，这完全是一种没有任何功利，为至真至纯的情谊所系的牵挂与挚诚之举，是出自对先生人格魅力的仰慕与感召。先生走后，我曾写过一篇悼念文章，其中列举了这样一件小事来说明先生的为人：

先先生病住院的日子里，照顾他的护工，是一位来自农村的个子矮矮的中年人，人很朴实敦厚。每到病房探望先生，都看他围着先生忙碌。我们常向他道谢、拜托他。一个多月下来，我意外地发现，这位护工对李先生产生了很深的情感和敬仰。他告诉我，他做护工好多年，护理了很多病人，从来没有见过这么好的人。先生从不把他当雇佣者看，对他亲切、平等，见他熟睡就尽量不叫醒他。在先生走后的灵堂前，我又看到这位护工，他主动放弃工作在灵堂前为大家斟茶倒水。听先生的亲属说，这位文化不高的护工曾提出了一个要求，他写了几句话，想在李先生的葬礼上念一念。先生的亲属告诉他，遗体告别仪式难以安排发言。我能想象到这位护工的失望。我在想，若这位护工能在先生的告别仪式上念一念他发自内心的表白，不管那几句话本身如何，定能感动很多很多的人，这何尝不是对先生之为人的最好评价呢？

除了"做人",先生被人们长久记住的另一个重要原因则是"做事",这就是不遗余力推动民族研究事业的发展与进步。先生有一个观点,认为只要事业发展和进步了,那么处于这个事业之中的每个人都会同时得到发展和提升。秉承这一理念,先生自改革开放以来,积极推动、促成和参与了西南民族研究的许多大事。20世纪80年代初,先生与好友童恩正先生联络云南、贵州、广西从事西南民族研究的前辈同仁,共同创办了"中国西南民族研究学会"。该学会作为全国的一级学会,在西南民族研究领域一直发挥着重要作用,同时还辐射到中南、东南等地区,成为推动中国西南以及南方民族研究并联系相关学者最重要的学术组织。先生在20世纪80年代初,积极响应费孝通先生的倡导,与童恩正先生一道发起并主持了"六江流域民族综合科学考察",取得了丰硕成果,这也成为后来"藏彝走廊研究"的一个发端。先生生于川东秀山县,为土家族,为了回报家乡,先生发起并主持了四川土家族调查与研究,主编《川东酉水土家》一书,[①]填补了土家族研究的一个空白,并在土家族历史、宗教方面卓有建树。在费老提出并系统阐述"中华民族多元一体"的观点后,先生率先撰写了《论藏族的多元一体格局》一文,[②]成为最早从西南民族研究领域响应费老观点的学者。先生学识渊博,底蕴深厚,对西南民族的研究与涉猎极为广泛,在藏学、彝学、羌学、纳西学和土

[①] 李绍明等:《川东酉水土家》,成都出版社,1993。
[②] 李绍明:《论藏族的多元一体格局》,《南方民族考古》1991年第3辑。

230

家学等领域均有重要的开拓与贡献。此外，先生学术视野开阔，思想敏锐，善于开拓创新。20世纪80年代初先生在四川大学为考古专业学生系统讲授民族学课程，该讲稿后经整理出版，成为国内较早的一本《民族学》著作。①后来先生一直致力和参与国内民族学、人类学学科体系的探讨与建设，并率先提出了"中国人类学华西学派"的概念。此概念的提出为构建中国西南民族学人类学研究体系，进一步深化对中国人类学发展脉络的认识起到了积极推动作用。目前此概念已逐渐为中国人类学界所接受。先生还是新世纪以来藏彝走廊研究的积极倡导者和组织者，亲自组织了以黄树民先生一行和我、李星星等参与的藏彝走廊考察活动。为了筹备2009年昆明民族学人类学世界大会"藏彝走廊专题会议"，先生多次组织我们开会，进行安排部署并逐一讨论相关细节。先生在病床上仍积极准备发言稿，后来因病重先生未能出席昆明的民族学人类学世界大会，成为先生逝世前的一个最大遗憾。

总之，先生是改革开放以来我国民族学界许多重大学术活动的发起者和组织者，是民族研究事业的有力推动者，并对新时代我国民族和谐关系的构建发挥过重要作用。先生虽然离开了我们，但先生当年所开创和推动的民族研究事业不断得以发展。这也让今天置身于这些事业之中因此并受益的无数后辈学人难以忘怀先生。

一代人有一代人的学术使命和责任。先生让人铭记的另一

---

① 李绍明:《民族学》，四川民族出版社，1986。

点，则是先生全力推动学科的发展，并在中国民族学界很好地发挥了承上启下的历史使命与责任。先生是伴随新中国成长起来的第一代民族学家。先生1950年考入华西大学社会学系，求学期间因院系调整，1953年毕业于四川大学历史系民族学专业。1954年又毕业于西南民族学院民族问题研究班。先生在求学期间经历了新、旧体制的交替。先生既有社会学基础，也接受了新中国民族理论与民族问题的培训。由于当时民族方面人才奇缺，先生毕业即被分配到四川省阿坝藏族羌族自治州工作，随后又参加全国人大组织的民族社会历史大调查。先生先后参与了四川、云南两个调查组，最终完成了《凉山奴隶制度社会》。在民族社会历史调查过程中，先生不但对西南民族有了深刻的了解和认识，同时也积累了广泛的人脉关系。先生不但与费孝通、林耀华、马长寿、宋蜀华等民族学人类学前辈大家有着广泛的交集，也与参加20世纪50年代民族社会历史调查的大批同辈学者极为熟悉并有着良好人际关系。我曾跟随先生参加过不少学术活动，去过许多地方，先生无论走到哪里，总有许多的老朋友和熟人，其亲密的关系令人羡慕不已。20世纪80年代以来，先生活跃于中国民族学人类学界，以其独特的人格魅力和良好的为人，身边开始聚集了一大批中青年学者。这样，先生实际上成为改革开放以来民族学界与老一辈学者、同辈学者及中青年学者均有密切联系的人，并且均能很好地进行沟通、交流。加之除民族学、人类学之外，先生对历史学、考古学等领域均有所涉猎并有很好的造诣和积累，这使得先生能够左右逢源，不但成为前辈、同辈和青年学者之间的沟通、联系的重要纽带，同时也成为能够把民族学、人类学、历史学、考古学等不同学科领域的学者团结在一起的一位特殊人物。当然,先生能够做到这一点,不但得力于其学识、承上启下的特殊地位,更得力于先生独特的人格魅力、宽阔的胸襟、兼容八方以及"仁者无敌"的做人高度。

先生去世后,鉴于先生的学术影响和地位,我邀请四川大学历史文化学院极具功力的著名书法家何崝教授为先生撰写挽联。何崝教授非常了解先生的为人与学术建树,颇下功夫地为先生撰写了一副挽联。这副挽联对先生的一生作了准确而恰当的总结。最后,我想用何崝教授的这副挽联来寄托对先生十周年祭日的缅怀之情:

冶民族社会历史考古诸学为一炉,稳藏先安康,绩著西南各族史

集真诚友善宽厚谦和众德于此身,尊前复砺后,迹铭痒序丰碑中

一件难以忘怀的事

在我的学术成长中,有一件事让我始终难以忘怀。

1994年,我在西南地区一所民族学院工作,是位小讲师,即当下网络语言所称"青椒"。那一年我刚刚完成我学术生涯中的第一部专著《西藏文明东向发展史》初稿,是倾尽全力写的。写的过程中很单纯,只专注于书中所涉及的问题,丝毫未附加任何杂念,亦无评职称、晋升之类的考虑,是全身心浸润其中,整整写了三年。书稿完成后,自感对书中某些章节和观点有一些心得,于是从中砍出一篇论文,不知天高地厚地寄给被视为中国人文社科顶级刊物《中国社会科学》。不出两个月,收到了刊物编辑的回信,信是手写的,字迹工整而流畅,整整三页纸。大意是说拙文被刊物接受,准备刊用,信的主要内容是谈具体修改意见,一二三四若干条。其中有一条我印象特别深,是让我提供和补充某一方面的材料,材料的组织我不用管,由编辑来全权负责。信的落款人是"孟宪范"。我遵嘱一一照办。文章很快在次年的《中国社会科学》正式刊出。当时虽然刊物级别划分尚没有今天这样严格和深入人心，但《中国社会科学》仍是人们心中认同度最高的刊物。就这样，我在38岁年龄，稀里糊涂在中国最高人文社科刊物上发表了论文。事后有人告诉我，我是该校有史以来在《中国社会科学》发表论文的第一人。

这件事过去了许多年，我也从"青椒"变成了教授、博导之类。有一次，在黔东南凯里开会，晚上中央民族大学麻国庆教授在我房间喝茶闲聊，无意间说起了《中国社会科学》的孟宪范老师，我告诉他，当年我在《中国社会科学》发文的编辑正是孟宪范老师。国庆说，他当年在《中国社会科学》发表论文的编辑也是孟老师。他当时也是北大"青椒"，应约骑着一辆破自行车到《中国社会科学》编辑部找孟老师谈稿子修改事宜。为改稿的事，他还去过孟老师家里，是一个大热天，也是骑着破自行车去的，还记得孟老师的先生是清华大学教授，非常亲切和蔼，从书房出来和他寒暄，还亲自给他切西瓜。这无意中发现的一段共同经历，让我们颇为感慨。于是当即拨打孟老师电话，通话充满美好回忆，让人十分亲切。记得孟老师得知我们在一起，十分高兴，用非常标准、好听的普通话对我说："呀，是石硕呀。"我们在电话中相约，下次来京，我和国庆要专门拜会孟老师，我们仨一块儿聚聚。孟老师爽快答应。

后来我们如约在京聚会了。是在孟老师家附近一家上海风味的小饭馆。这是我第一次见到孟老师，睿智、知性、谦和、亲切。我们喝着孟老师特地带来的一瓶红酒，气氛温馨而恬静。国庆喝了一点酒，比较健谈，聊起不少学界的事，也谈到当年骑着

235

破自行车去孟老师家里的情景。记得孟老师插了一句:"国庆当年就一小屁孩儿。"在略显暗淡的灯光下,聚会充满温馨的回忆,交谈平和而欢愉。恍惚中,不觉已到十点。走出饭馆,走到大街的人行道上,凉风习习,略带一丝酒意,感觉十分惬意。目送孟老师远去的背影渐渐消逝在夜色中,我心里忽然涌出一种感觉:这是一个多么美好、温馨的夜晚啊!

近些年,常有论文发表经微信推送后,被孟老师看到,孟老师总是不吝赞誉和鼓励。也日常和孟老师在微信上交流。记得有一次,我提及现在年轻学人的成长环境比较我们那个时候差多了,那个时候学术很单纯,人也很单纯,学术的传统很严,学术是学术,很少和其他东西搅在一起。而现在,学术已经和很多非学术因素搅和在一起。孟老师予以认同,说了一句让我印象深刻的话:"那是一个人心纯净的时代。"孟老师告诉我,那个年代,他们选稿用稿,学术质量是基准,其次是意义、价值和创新性,总之,是"认稿不认人"。对可用但需要修改的稿件,会与作者沟通,一次又一次修改完善,这既扩大了作者群,也发现和栽培了不少学术新秀。从与孟老师的交流中,我体会到编辑在学术传承中所担负的角色。师承当然是学术传承的主要脉络,但另一个传承脉络就是编辑。编辑阅稿无数,其眼光、视野和学术判断力自有其独到之处。

最近,我的一些文章发表后受到学界好评。孟老师在微信上告诉我:"看到您的研究成果被学界广为认同,我真是与有荣焉!""与有荣焉"让我体会到编辑与作者间那份纯真、温暖的学术联系。我和国庆都是当年孟老师栽培过的"小屁孩",我们的成长让孟老师"与有荣焉",这是一份厚重的人文情怀。我想,编辑若能通过对作者的栽培,与之建立"与有荣焉"的学术友谊和联系,无疑会给严谨而略显枯燥的学术平添一份人性的美好与温暖。

问世间，情为何物？

　　看越剧《梁山伯与祝英台》，是浙江绍兴越剧团来成都的演出。这是越剧传统剧目，中国版"罗密欧与朱丽叶"。超越阶级，超越时代。舞台布景华美、温馨，唱腔高亢、凄美，直击心灵，情节凄婉动人，不少场景令人泪目。

　　走出剧场，想起鲁迅先生的一句话："悲剧将人生的有价值的东西毁灭给人看。"[①]把"有价值的东西毁灭给人看"，肯定让人揪心。揪心自会留下深刻印象。这或许是悲剧比喜剧来得更有力量的原因。

　　倘要对《梁山伯与祝英台》作一个归纳，有一个字最妥帖——"情"。金代元好问曾留下一个千古之问："问世间情为何物，直教生死相许？"初读此言，颇震撼于如此深刻的发问。我想，若要遴选人类有史以来最具震撼力的发问，其当在入

[①] 鲁迅：《再论雷峰塔的倒掉》。

选之列。

情为何物？情看不见、摸不着，算不算物，不得而知。对人而言，情如同空气，如影随形、无处不在。人生下来，即受到百般呵护，这是母子父子情；上学，有同学情、师生情；走向社会，有爱情、友情、子女情。人在弥留之际，必渴望为情所系的人守护身边。人的一生，从生到死，无不被情包裹和滋养。情是伴随我们一生，并让我们感到生活温暖、美好的源泉。有一个常被人们提起或炒作的话题："人生有没有意义？"有人说有，有人说无，有人说人生需要自己注入意义，林林总总。其实，这是一个伪命题。对芸芸众生而言，人生的基石从来就不是理性或形而上的"意义"，而是根植于人性、充满烟火气且无处不在的"情"。

情大体可分三类：亲情、爱情、友情。三类之中，居核心地位者当是爱情。两个没有血缘关系的男女因情爱结合并繁衍后代，是一切亲情之源。爱情既是婚姻基础，也是人类繁衍、延续的前提。

爱情到底有多大力量？难以测度。曾在网络上看到莎士比亚、莫泊桑谈英国人、法国人的爱情时的一段话：

> 什么是爱情？当你见到了你所爱的人，你会做出莫名其妙的傻事；当你见不到她，又会对人或对自己絮絮叨叨讲她；这就是爱情。当你在她身边，就会觉得舒服，对她温存体贴，既不感到疲倦，也不觉得无聊，而这就是幸福。你一见她的面，就会心情激动，头脑开窍，做事都想着她，说话是为了她，设法讨她欢喜，让她明白你喜欢她。你一张嘴，温

柔的话就会脱口而出；你看一眼，就会流露出爱抚的目光。对你说来，她装饰了世界，使生活有魅力。你喜欢坐在她的脚下，不为别的，只为了坐在那里就是乐趣。只是有了她，为了她，你才觉得生活幸福。

这就是爱情的魅力。爱情会让人觉得世界无比美好，让人变得勇敢无畏、无私忘我，让人恨不能将一切奉献给自己的所爱。爱情会让一个人内心变得柔软、善良、宽容，产生高尚和神圣感，不惧怕任何困难。爱情是我们生命中最亮的那束光，是照亮世界，让生活变得明亮、温馨、美妙的那一束光。

古今中外，无论多么黑暗的时代，无论饿殍遍野、颠沛流离和苦难重重，情都是支撑黎民百姓生存下去的最坚实的基石。"孟姜女哭长城"的传说，不过是黎民百姓在暴政和苦难中的一种想象，但孟姜女为亡夫哭倒长城的爱情故事，却凄婉动人、直击人心，在民间代代流传。此传说表明，在任何苦难的重压下，情都是生命的慰藉，是支撑生活的心灵力量，是让黎民百姓顽强生存下去的那一束温暖的人性之光。

读川滇交界泸沽湖畔走婚的摩梭人材料时，发现一个奇特现象，在17—18世纪社会骤变之时，当地殉情的青年男女十分普遍，成为一个突出文化现象。摩梭人为母系社会（史料记"党母族"），同母所生的血亲成员才能住在一起，朝夕相处。这样，当地相爱的男女过着一种暮聚朝离的情爱生活，即外人所称"走婚"。这带来一个好处：走婚是以彼此喜欢和相爱为基础，从而使人们对爱情有充分的选择自由。当地男女一生中可能有若干

"阿夏"（走婚对象），但经历无数选择和试错，大部分男女终能找到心爱的人，结成稳定的"走婚"对象。于是，彼此浓情蜜意、难舍难分，成为真正以爱情为基础的结合。一些旅游者对当地"走婚"充满好奇，肤浅地认为"走婚"就是任意选择性伴侣，甚至以龌龊之念来想象走婚，这是对走婚极大的误解。走婚因不牵涉财产等物质因素，反使爱情成为主导。但走婚毕竟是一种松散、缺乏确定性的婚姻形式，较为脆弱，社会变迁以及家庭经济变故，往往会对以爱情联结的走婚形成冲击。另外，走婚使相爱男女无法长相厮守，只能暮聚朝离，给相爱男女带来深深的离愁别绪与痛苦。唐代诗人秦观有句诗，叫"两情若是久长时，又岂在朝朝暮暮"，告诫情侣要保持克制，勿太过于沉湎。这看似潇洒、超脱，却有"站着说话不腰疼"之嫌。事实上，分离对于情深似海、须臾不可离的情侣之间的炽烈爱情，往往形成深刻矛盾。走婚对爱情和人性的束缚，同爱情之间的深刻矛盾与冲突，成为当地青年男女殉情高发的原因。此案例让我深深明白，爱情何以"直教生死相许"。

　　常言说"晓之以理，动之以情"。这表明，世上最能改变人有两样东西，一个是"理"，一个是"情"。理亏，让人羞赧、面红耳赤，但尚不足以让人去死；唯有"情"，却能让人义无反顾、生死相许。可见，"情"的力量大于"理"。这是为何？不得而知。情是人性中最具主宰力但又最说不清、道不明的那种东西。情蕴含的那种能塑造人、改变人又能毁灭人的巨大能量，为人自身意志所难以抗衡。情何以有如此巨大的能量？这涉及情的来源。世间一切情，皆缘爱而生。爱是什么？古往今来，有各种各样对爱的定义和阐释。我以为，一位美国心理学家的定义或许最能揭示爱的本质：

> 爱，是一种为了哺育自身或他人的情感与精神成长而延伸自我的意愿。

依照这一定义，爱至少包含两个东西：
一、爱是一种延伸（发展）自我的愿望；
二、爱哺育自身或他人的情感与精神成长。

一个人若心中没有了爱，就意味着：第一，他放弃了"延伸自我的意愿"；第二，他失去"自他两利"的意愿，既不关爱别人，也不在意自己。所以，一个人若没有爱，就意味着他主动撇清、隔绝了同他人及世间的联系。人若到这个地步，已万念俱灰，生活对他已全无意义和价值。反过来也说明，真正让生活有意义、人生有价值的东西，正是情和爱。人一旦丢失了情爱，不但窒息了"延伸自我"的意愿，也窒息了对他人和自己的关爱。爱是赋予生命以温暖、以美好但又无限柔软、脆弱的"七寸"。从这一意义说，爱是主宰我们生命的上帝。她可叫我们生，叫我们死。明白此，我们也就不难理解，由爱而生的情何以"直教生死相许"。

曾与一对做邻居的教师夫妇聊天，夫人告诉我，她非常喜欢猫，过去养过一只，叫"欢欢"，乖极了，每天她下课回家都在门边守候她，在家寸步不离围着她转，跟前跑后，心有灵犀，和她有极深情感。每天下课回家的路上，一想到欢欢在门边等着她，心情就愉悦、幸福，觉得生活无限美好。后来，欢欢走了（猫的寿命短于人），她哭了好几场，几个月没走出悲痛，不亚于失去了亲人。因无法承受这种巨大的悲痛，她决定从此不再养猫。这故事给我印象很深。人与动物尚可产生如此难舍难分的情感，不难想象人与人之间尤其男女之间因爱而生的情所具有的无可比拟的力量。这是世上最强大的力量。她能让生命熠熠发光，让人战胜一切困难、病痛甚至绝症，起死回生，让人由平庸而伟大，由卑劣而高尚，让心灵欢愉而充盈，美好而幸福，给生命以无限光彩。但是，爱一旦受阻，其破坏力同样强大无比。她可摧毁一个人，让人万念俱灰，把生死置之度外。世上最温暖、最伟大而又最具破坏力的，莫过于由爱而生的情愫。情"直教生死相许"，正缘于此。

  一次，同朋友在西藏旅行。为排遣漫长旅途的寂寞，车上反复播放着降央卓玛唱的《西海情歌》。有人讲起这歌的由来。北京某高校一对青年情侣到青藏高原无人区做志愿者。有一天男的独自外出执行任务，陷在沼泽中再也没能回来。女的悲痛欲绝，回京后写下这首令人肝肠欲断、凄惋无比的诗，后经作曲家谱曲，此即《西海情歌》的由来（但不知是真是假）。为打破故事带来的凝重气氛，有朋友提出一个问题：人世间，最能打动人的是什么？有说是情诗，有说情诗的感染力不如情歌，七嘴八舌后大家达成共识：人世间，最能打动人的，就一个字——情。一位颇有诗才的朋友脱口而出："情就是喜马拉雅。"不知哪来的灵感，开车的我补充道："情就是珠穆朗玛。"正好凑成一句押韵诗。就是说，情在人世间最高。

有一个证明，人在弥留之际，绝不会去惦记自己有多少财富，而让其留恋和难以割舍的，是为情所系的爱人、亲人和朋友。

可以断言，人在弥留之际，最难割舍的，必是人世间最重要的。足证：

  情就是喜马拉雅；
  情就是珠穆朗玛。

换言之，人世间最高、最重要的，正是如空气一样看不见、摸不着，但又无处不在、如影随形的情。如果说，空气是生命存在的基础，情则是滋养生命，给生命以光彩，让其充盈、欢愉而美好的源泉。从这一意义说，情何尝不是滋养我们灵魂与精神的"空气"？

德国诗人歌德说："理论是灰色的，生命之树常青。"我想，生活之树所以常青，或许正缘于生活永远被如影随形、无处不在的"情"所滋润，所温暖。

年轻人看我们，比我们看他们要清楚

"年轻人看我们比我们看他们要清楚"，这是易中天说的一句话，给我印象很深。

这让我想起一件事。大约十年前，在外地读大学的女儿回家过暑假，返校前几天，她郑重而私密地对我说："爸爸，我请你喝下午茶，有件事给你说。"我问什么事，她说到时候就知道了。一天下午，我们开车出门，七拐八拐，来到位于城南富人区一处僻静的喝下午茶的地方，环境高雅安静，人不多，从女儿与吧台接洽看，她提前订了座。除我们点的茶饮之外，还上了置于精致旋转架的各类水果和糕点。说实话，除非被人请，这种小资情调的地方我很少来。原因一是有些不自在，二是收费不菲，对我这种当过知青、吃过苦，骨子里比较"抠门儿"的人来说，觉得有些心疼。谈话内容完全务虚。女儿语重心长地"告诫"在高校教书的我，不要三天两头地外出开会和参加各种学术活动，实属浪费生命和精力，应该静下心来好好写点自己的东西，这样才会留下一些有意义、有价值的东西。我并不完全赞同女儿的观点。我说，学术圈也是一个江湖，学术的"势"已经把你推到这个位置，尽管也有无奈，但只能顺"势"而为，否则有违学术的责任和使命。我们平心静气地沟通交流，谁也没说服谁。我也渐渐淡忘了这件事。近些年，我才越发体会到，当年女儿对我的告诫，是多么具有方向性。当下许多学术活动和会议，关注点已越来越不在学术本身，对主办方来说是做业绩，对参会者而言则主要是刷存在感和积攒学术人脉，这造成满天飞的学术会议越来越形式大于内容，也越来越"内卷"而于学术无益。这不禁使我暗自吃惊女儿当年的告诫，这或许印证了"年轻人看我们比我们看他们要清楚"这句话。

我当然是"我们"中的一分子。相对于年轻人，"我们"在家庭中是长辈，在社会中是领导、师辈或前辈。我们的地位、占有的资源和话语权均在年轻人之上。这是我们的优势。这一优势使我们有资格居高临下、颐指气使地批评年轻人。但一个悖论是，我们的优势是以年龄、资历和经验为基础，倘着眼于未来，这些构成我们优势的年龄、资历和经验等又恰是我们的"短板"——我们会随着年龄增长而退休，我们的资历与经验也会随时代变迁而渐渐不合时宜。所以，若着眼于未来，优势显然不在我们，而在年轻人一方。这也是"我们"不得不面对的尴尬、无奈和现实。从这一意义说，"年轻人看我们比我们看他们要清楚"，似乎有更深的意涵——对我们是一个极有价值的提醒。每一代人有一代人的长项与局限。《庄子》是中国古代经典中的一本奇书，其中心思想是讲人的局限性。"夏虫不可以语冰""燕雀安知鸿鹄之志"（此语虽出自《史记·陈涉世家》，但源头却是《庄子·逍遥游》），都是用寓言来讲述人的"自大"和以自我为中心的滑稽可笑与危险。如果"我们"不能充分意识到自身的局限性，盲目自大且傲视于年轻人，在优势随岁月递增的年轻人面前，我们很可能沦为"燕雀"与"夏虫"而不自知。

读杂书时，我常思考一个问题，古今中外许多名人、伟人，他们留下来的诸多文字都记叙了其成长经历与成败得失。我常想，若把这些名人、伟人的成长经历与成败得失好好收集和梳理出来，让年轻人读，岂不可以让他们少走弯路。这个想法在我头脑中盘桓了很久，但经过观察和思考，我发现这根本行不通。原因是，别人的经验永远是别人的，要把别人的经验变为自己的并上升为智慧，永远不能缺少一个前提——自己的切身体验。于是，我渐渐悟到，年轻人是在"试错"中成长的。"试错"既是成长的过程，也是积累切身体验的过程。人生的过程谁也无法替代谁。

为人父母者大多感受过孩子的逆反期。"逆反"是什么？是孩子走出家庭，走向社会之时其社会人格成长之表现，目的是摆脱自孩童时代起就受父母控制、束缚的人格藩篱，获得自我成长的机会，这当然也是"试错"的开始。孩子的逆反，说到底是要找一个"敌人"来强大自己，父母当然是他们在世上最安全的"敌人"。"我们"都曾经年轻过，极端地说，年轻时谁没有荒诞和放纵不拘过？谁没瞒着父母与伙伴做一些为规范所不允许的事？谁没和大人眼中的"街头混混"或"坏孩子"打过交道？谁没做过一些不可理喻事后又羞愧难当、无地自容的事？"试错"其

247

实是年轻人从不成熟走向成熟的必经之路。试过所有弯路，才知道什么是正确的路；试过所有"不合适"，才知道什么对自己"合适"。所以，年轻人进入社会，犹如刚滚进河床的石头，有棱有角，虽挑战秩序会损其棱角，却具有开拓性；而"我们"有如河床中光滑圆润的卵石，老于世故、墨守成规，虽适应环境，却丧失了开拓性。更重要的是，随着时间流逝，我们注定要被新进入河床的石头覆盖。这是无法逆转的事实。

我在高校教书，指导有不少博士生和硕士生，常和他们中一些有独立思考的人喝茶聊天。我发现，两种相悖的东西在他们身上奇妙地交织与统一。一方面，在宏观层面，他们有比较明显的以个人为中心的功利价值观；另一方面，在微观和日常生活中，他们又有我们年轻时所不具备的诸多优秀品质，如互助友爱、尊师重教、热心公益、勤于思考、有同情心、有是非观和正义感，对社会有自己的观察与判断，等等。他们之所以有这些品质，我思考，究其原因，第一点，应和他们大多为独生子女的身份有关，但同时也意味着他们是有"自我意识"的一代，这注定了他们不会重复我们及我们父辈的路，不会毫无"自我"地度过一生。第二点，同教育提升与社会进步密切相关。让我感到欣慰和乐观的是，他们不光追求知识，更充满对认知的渴望。知识是死的，认知却包含对事实的思考。爱因斯坦曾说："大学教育的价值，不在于学习很多事实，而在于训练大脑会思考。"一个思考的人不仅有自我的修正能力，也同时具有无限的可能性，而其发展变化是难以预测的。其实，"年轻人看我们比我们看他们要清楚"这话本身还有一个潜台词——我们对年轻人的认识远不及他们对我们的认识。从这一意义说，我们对年轻人整体上妄下判断或以偏概全，实在是一件不太靠谱的事。对此，我们务必要有"自知之明"。

当前社会的扰攘纷乱，很大程度掺杂着代沟与代际冲突因素。代际冲突在任何社会中均无法避免，冲突也是磨合过程。通过冲突、磨合而达成沟通、理解与和谐，达成传统与发展的平衡。如果我们能充分意识到"年轻人看我们比我们看他们要清楚"，明白年轻人"试错"势所必然，放低姿态，给注定要超越我们的年轻人以朋友式平等、宽容、理解、鼓励甚至欣赏，无疑是一个明智的选择。"年轻人看我们比我们看他们要清楚"也提醒我们，年轻人既是我们教育引导和关爱对象，又何尝不是我们的老师呢？这是"教学相长"的道理所在。唯有平等相待，我们方能从年轻人身上看到或学到我们所不具备的东西。古往今来，人类化解代际冲突有两个制胜法宝：一是关爱，即情感联系；二是教育，即理性引导。若能再持有一种朋友式的平等、宽容、鼓励与欣赏，无疑会给彼此以融洽、欢愉与教益，给家庭、社会和个人带来更多和谐与美好。

《老子》说"天下难事，必作于易，天下大事，必作于细"。对于"大事"，我们的无力感自不待言。对于难事，我们不一定看得准，所表达的多为一孔之见，难以洞悉全貌。但在家庭或社会中，处理好同身边年轻人的关系却是我们唯一立即可做并见成效的"易事""小事"。

古今中外，有一个事实不容忽视——母亲在孩子成长中的影响往往超过父亲，这意味着母亲在社会传承中的作用不可小觑，她们在对待孩子方面做得更好。胡适在《慈幼的问题》一文中曾有这样一段话：

> 我的一个朋友对我说过一句很深刻的话："你要看一个国家的文明，只消考察三件事：第一，看他们怎样待小孩子；第二，看他们怎样待女人；第三，看他们怎样利用闲暇的时间。"[①]

可见，孩子和女人不但紧密关联，且均牵涉文明传承之大事。当然，年轻人群体并非整齐划一，用"80后""90后""00后"给年轻人贴标签的做法，只会导致对年轻人概念化、简单化的认识甚至误解，并不可取。但有两点确定无疑：第一，在如何对待年轻人上，我们或许可从母亲基于爱而对待孩子的宽容、平等中获得更多启迪；第二，许多发达国家激励年轻人"自立"的教育与文化传统非常值得借鉴和汲取。

梁漱溟先生有一本书，书名叫《这个世界会好吗？》，若从"年轻人看我们比我们看他们要清楚"的角度，答案似乎是乐观的。

[①] 见《胡适文集》第4册，北京大学出版社，1998，第643页。

我对教师角色的点滴感悟

我在大学教书已30余年。说实话，在过去许多年中，我对"教师"的含义并不怎么在意，主观上也从未去深究，更多是将其看作一份职业，看作社会中形形色色三百六十行中的"一行"而已。

近些年，随着年龄、阅历的增长，我对教师这份职业的感悟渐渐加深，也越来越喜爱教师这个角色和职业。产生这个变化的主要原因是，看到自己所培养的学生走上社会以后不断地成长，取得一些可喜成绩，内心的欣喜、欣慰之情油然而生，渐渐地体会到自己的工作和辛勤付出的意义和价值。这种感觉，或许即人们常说的"成就感"吧。人的一生很渺小，也很短暂，可以说转瞬即逝。人在世上走一遭，如果能留下些什么痕迹和影响，哪怕很小，很微末，但只要是积极的、有益的痕迹和影响，或许就不枉此生。中国古人曾将人生的意义定位为"立德、立功、立言"三个层次，宋代大儒张载进一步将人的使命归纳为："为天地立心,为生民立命,为往圣继绝学,为万世开太平。"这些归纳当然很精辟、很到位,但总让人感觉到,这些目标对于芸芸众生来说有些太过于"高、大、上",常让人难以捕捉,难以企及。

依我个人的一点感悟来说,教育的本质是对人的良性影响与塑造,激发人性中的善良、憧憬与美好以及对知识的渴望。从这个角度来说,教育并不限于学校,亦非学校的"专利","教育"实际上无处不在。在家庭、在单位、在学校,在社会的各个领域、各个角落,凡有人与人之间交往与交流的地方,都存在对人的影响与塑造,都存在无形的教育。孔子说"三人行,必有我师焉",道理正是如此。有一个词非常重要,这就是"传承"。人类社会的进化与进步,主要通过一代代的"传承"来进行,而传承的主要方式是教育。一切和传承有关的事物都同时和教育有关,所以,教育无处不在。一个人,无论他多么普通而平凡,他对子女,对伴侣、家人、邻居以及身边同事朋友的爱戴与影响,只要是积极、有益的,都包含着"教育"的功能,都在为社会与时代进步尽绵薄之力。

不过,说到底,在社会林林总总的机构中,学校毕竟是专门的教育机构,以教师为职业者,也是专门的教育从业人员。从这一角度说,教师之间尚有许多共同点、共同话题,可以交流与分享。

2020年,在我从教34年的年头,我所在的学校给了我两个让我未敢奢望的崇高的荣誉,一是颁给我"立德树人奖",二是颁给我全校"卓越教学"一等奖,并且让我代表获奖教师在颁奖大会上做发言。这件事对我触动颇大,让我从终日忙忙碌碌的教学与科研中沉静下来,集中思考教书育人的意义与价值。下面这篇感言，就是这种思考的一个结果。之所以全文录在这里，绝无丝毫的炫耀之意，只是想和以教师为业的同行们分享一些对"教师"这个称号的认识和感悟：

亲爱的老师和同学们：

今天对我来说是一个特别的日子。

能够荣获本校第七届"卓越教学"一等奖，我备感荣耀。

我认为，这对我的教师生涯来说，是一个莫大的、值得终生铭记的荣誉。这是师生们和学校对我多年投入教学的肯定与认同。在此，请允许我向给予我如此厚爱的老师、同学和各位领导、同人们，表达深深的感谢！

有一件事让我特别有感触。2020年教师节我有幸获得四川大学"立德树人奖"。在学校颁奖的前一天晚上，一名学生专程来我家给我送来一束鲜花，她说了一句让我非常难忘的话，她说："这是学校颁给老师的终身成就奖。"她的话让我深深体会到教书育人在学生心目中的分量。尽管我科研上获奖不少，但我认为，对一名老师来说，立德树人分量最重。

根据我的理解，塑造高尚人格和美好灵魂是世界上最难的工作之一。这也是古往今来教师这一职业之所以神圣，教师之所以受人尊敬的原因。但是教师职业的神圣，首先是来自沉甸甸的责任，来自辛勤的付出，来自对学问的敬畏和孜孜以求，更来自对高尚人格和生命尊严的敬仰。所以，教育是一个无比崇高的事业。我认为,真正的教育,如同学校的校训一样,要"海纳百川",要有博大的胸怀,要"有教无类",这是教育的精神和力量所在。我一直秉承一个理念:一名学生,从他入校到毕业,只要他在做人和求知上有积极改变,教育就取得了成效。出于这一理念,多年来,面对一双双渴求知识的眼睛,我不敢懈怠,也不能懈怠。看到学生的成长进步,也让我体会到做老师的高尚意义,自己的人格也得到升华。

我本科、硕士和博士都毕业于本校。能取得一点成绩,获得今天的殊荣,是学校培养了我,给了我成长的土壤和环境。作为从教30余年的一名普通教师,我热爱教师职业。薪火相传,我要努力把当年我的老师们教给我的正直做人和严谨治学的传统传导给学生,传承大学的精神,引导学生找到正确的人生方向和知识门径,懂得"厚德载物"的道理,赋予自己的人生以精彩和意义。

我是从事人文学科的。人文,一是要有情怀,二是要有人文精神。所以,我一直注重学生人格与社会责任的培养,也注重在课堂上对学生潜移默化的熏陶,让他们摒弃以个人为中心的功利价值观,具有人文的情怀和时代关切,有正直的品格并关爱社会,成为能够奉献于社会的人。

获奖,既是荣誉也是鞭策。我愿继续努力,用"立德树人"赋予教师职业以神圣和荣耀。

赠给历史系毕业生的三句话

同学们好！首先，请允许我向圆满完成学业，即将开始新的人生阶段的各位同学表示热烈的祝贺！毕业是人生中的一件大事，是一个庄严、神圣的时刻，也是一段欢乐与惜别、友谊与希望、眼泪与困惑相互交织的难忘记忆。正因为如此，无论今后你是成功还是失败，是异国他乡的天涯游子还是扎根故土的创业者，毕业往往都是你们一生中难以忘怀的一段记忆。所以，我建议同学们好好珍惜和享受眼前这段难忘时光，保持清醒头脑，相信你一定会从中得到很多人生的感悟。

毕业，意味着一个圆满的结束，也是一个新的开始。在同学们即将迎来新的人生阶段的时刻，学院让我作为教师代表给大家讲两句话。这里，我想以一名教师的身份，真诚地对同学们说三句话。不好意思，我多讲了一句（笑）。算是给大家的临别赠言。

一、学习历史不是你的劣势，而是可以伴随你一生的优势

我相信在座的不少同学毕业后可能并不从事与历史相关的工作，而可能会从事与历史完全无关的工作。在这种情况下，一些学历史的同学很容易产生自卑心理，认为和那些专业对口的人相比，自己矮人一截，技不如人。我以为，这大可不必。历史是一个基础学科。基础这个东西，很多是不能直接拿来用的，但它往往又是决定性的。它决定人们的观念和思想方法，决定人们对事物的看法与价值观，这些都是很根本的。把知识、学问划分为"有用""无用"，实际上是一种很肤浅、很没有文化的看法。事实上，很多情况下，无用乃大用。历史向我们揭示的是人的世界，人的世界五花八门、精彩纷呈、波澜壮阔、无奇不有但又变化莫测，如果我们对这个世界略有所知，那么，我们对人性的洞察，对世界的复杂性、多变性的认识就会胜人一筹。这就会成为我们的一种优势。钱穆先生在《国史大纲》开篇中曾阐述了这样一个观点：任何一国之国民，尤其是知识在水平线以上的国民，对本国的历史应略有所知。略有所知之后，对本国已往的历史要抱有一种温情与敬意，这样才不至于对我们的过去抱一种偏激的虚无主义，也不至于感到我们是站在历史的最高点。钱穆先生说，如果这样的国民增多，则国家"乃再有向前发展之希望"。钱穆先生这里所阐述的是个人与国家、个人与本国历史的关系。也就是说，一个人对本国已往的历史略有所知并抱有一种温情与敬意，至少不会让人盲目虚无、妄自尊大，也不会让人妄

自菲薄，而是会让人脚踏实地，对当今的现实有一种比较客观的认识与理解。这一点非常非常重要。另外，学过历史的人，视野会更宽阔，对世事的观察和认识更为全面，对人的看法也会更弹性，更加包容。这些都可能是学习过一点历史的人一生中最大的优势。所以，我想对大家说的第一句话是，学历史，或者说学习基础学科绝不是你的劣势，而是可以伴随你一生的优势。

二、良好的品性与道德才是你一生中最大的财富

这是我想对同学们说的第二句话。良好的品性与道德包括很多内容，比如善良、正直、真诚、感恩、宽容、敬畏知识、助人为乐、忠诚、尊老爱幼、懂得谦虚低调，等等。我们学习历史的人都知道，古今中外，真正能长久成功，能做出一番事业的人，除了能力出众，都是那些有良好的品性与道德的人，是那些能用高尚人格把人们凝聚起来、众望所归的人。那些品德恶劣的人可能凭一时聪明和投机成功一时，但往往都是昙花一现，难以长久。古往今来人们对这一点的认识相当一致。我们的老祖宗很早就对这一点悟得非常透，《易经》中用了四个字来概括，叫"厚德载物"。这就是说，你所有的物质财富（包括名利）都是要载在你的"德"上面的。你能获得多少，取决于你是否具有良好的品德。有些人，人生所以失败，根本原因是"德不配位"，他的所得与他的"德"不匹配。这也就是我们为什么说教育最重要的功能是"立德树人"。"厚德载物"是真正的人生真谛。20世纪80年代诗人北岛有两句风靡一时的诗，叫"卑鄙是卑鄙者的通行

证，高尚是高尚者的墓志铭"。这实际上是对世道的一种讥讽。当然，良好品德的养成不是一天两天的事，需要生活阅历和时间的历练，需要从知识的学习中和生活的感悟中一点点历练出来。这是一个需要长期修炼的过程，难以一蹴而就。但我认为，对于即将走向社会、开始新的人生阶段的同学们来说，最重要的是要有这种意识，要懂得"厚德载物"的道理，你人生的路才会越走越宽。

三、正确理解成功，不要被当下流行的"成功"一词所误导

眼下流行的"成功"一词，对成功的理解十分肤浅和功利，认为所谓成功就是有钱、有地位，是别墅豪车、一掷千金，是位高权重、青史留名，等等。这种完全从物质化、外在化角度来理解成功，其实是对年轻人的一个误导。如果按照这样的目标去追求"成功"，我相信，它会让你的一生疲于奔命且充满"失败感"，幸福也会离你越来越远。什么是成功？简单说，是你对社会做出了贡献，社会对你有所回报。这是由两个部分组成的，首先是你要对社会做出贡献，社会才会回报于你。逻辑顺序是贡献在先，回报在后。眼下流行的所谓"成功"只看回报，而忽略付出和奉献，这是一种"本末倒置"，容易变成以自私为中心对社会的一种索取。成功的前提首先是贡献于社会，回报是你贡献社会后带来的结果。所以，成功首先是奋斗，是奉献，是需要对社会有一份责任和人文关怀。其次，我觉得没有必要把成功理解

得那么"高大上",一个人只要敬业,踏踏实实做好自己的本职工作,奉献社会,奉献别人,有良好的品性与道德,受人尊敬和爱戴并有良好的人际关系,生活充实而幸福,这就是成功的人生。另外,成功需要从小事做起,从一点一滴做起,就像刚才有老师说的,把路上一张纸屑捡起来放入垃圾桶也是做了一件有益的事,涓涓细流才会汇成大海。人要取得成功,还需要有对现实的人文关怀和积极的人生态度。历史—现实—未来是一条线,三者彼此关联。学过历史的人对现实的观察和理解会有一定的优势。但是,学历史的人一定要对现实有人文关怀,并且在这个基础上采取积极的人生态度。古今中外的所有成功者,有一个共同特点,他们无一不是抱有积极的人生态度。成功的路是充满荆棘的。人的一生中会经历很多挫折、苦难、失意,甚至重大失败。面对这一切,唯有一条路能走出去,这就是永远保持积极的人生态度。有一个成语叫"艰难玉成",没有任何成功的人生不是"艰难玉成"的。能够面对挫折和打击,不怕吃苦,是走向成熟人生的必由之路。经历挫折和磨难,会让你变得更厚重、更成熟,也会让你的人生更丰满。所以,保持积极的人生态度,把个人和现实、和社会、和你所处的时代联系起来,做有意义有价值的事情,相信你们一定会一步一步地迈向成功的人生!

最后,希望同学们勿忘母校,勿忘师恩!再次祝福大家!

"大学问"品牌书目一览

大学问,广西师范大学出版社学术图书出版品牌,以"始于问而终于明"为理念,以"守望学术的视界"为宗旨,致力于以文史哲为主体的学术图书出版,倡导以问题意识为核心,弘扬学术情怀与人文精神。品牌名取自王阳明的作品《〈大学〉问》,亦以展现学术研究与大学出版社的初心使命。我们希望:以学术出版推进学术研究,关怀历史与现实;以营销宣传推广学术研究,沟通中国与世界。

截至目前,大学问品牌已推出《现代中国的形成(1600—1949)》《中华帝国晚期的性、法律与社会》等100余种图书,涵盖思想、文化、历史、政治、法学、社会、经济等人文社会科学领域的学术作品,力图在普及大众的同时,保证其文化内蕴。

"大学问"品牌书目

大学问·学术名家作品系列
朱孝远《学史之道》
朱孝远《宗教改革与德国近代化道路》
池田知久《问道:〈老子〉思想细读》
赵冬梅《大宋之变,1063—1086》
黄宗智《中国的新型正义体系:实践与理论》
黄宗智《中国的新型小农经济:实践与理论》
黄宗智《中国的新型非正规经济:实践与理论》
夏明方《文明的"双相":灾害与历史的缠绕》
王向远《宏观比较文学19讲》
张闻玉《铜器历日研究》
张闻玉《西周王年论稿》
谢天佑《专制主义统治下的臣民心理》

王向远《比较文学系谱学》
王向远《比较文学构造论》
刘彦君　廖奔《中外戏剧史（第三版）》
干春松《儒学的近代转型》
王瑞来《士人走向民间：宋元变革与社会转型》
罗家祥《朋党之争与北宋政治》
萧　瀚《熙丰残照：北宋中期的改革》

大学问·国文名师课系列
龚鹏程《文心雕龙讲记》
张闻玉《古代天文历法讲座》
刘　强《四书通讲》
刘　强《论语新识》
王兆鹏《唐宋词小讲》
徐晋如《国文课：中国文脉十五讲》
胡大雷《岁月忽已晚：古诗十九首里的东汉世情》
龚　斌《魏晋清谈史》

大学问·明清以来文史研究系列
周绚隆《易代：侯岐曾和他的亲友们（修订本）》
巫仁恕《劫后"天堂"：抗战沦陷后的苏州城市生活》
台静农《亡明讲史》
张艺曦《结社的艺术：16—18世纪东亚世界的文人社集》
何冠彪《生与死：明季士大夫的抉择》
李孝悌《恋恋红尘：明清江南的城市、欲望和生活》
李孝悌《琐言赘语：明清以来的文化、城市与启蒙》
孙竞昊《经营地方：明清时期济宁的士绅与社会》
范金民《明清江南商业的发展》

方志远《明代国家权力结构及运行机制》
严志雄《钱谦益的诗文、生命与身后名》
严志雄《钱谦益〈病榻消寒杂咏〉论释》
全汉昇《明清经济史讲稿》
陈宝良《清承明制：明清国家治理与社会变迁》
王庆成《太平天国的历史和思想》
冯贤亮《明清江南的环境变动与社会控制》
郭松义《伦理与生活：清代的婚姻与社会》

大学问·哲思系列
罗伯特·S.韦斯特曼《哥白尼问题：占星预言、怀疑主义与天体秩序》
罗伯特·斯特恩《黑格尔的〈精神现象学〉》
A. D. 史密斯《胡塞尔与〈笛卡尔式的沉思〉》
约翰·利皮特《克尔凯郭尔的〈恐惧与颤栗〉》
迈克尔·莫里斯《维特根斯坦与〈逻辑哲学论〉》
M. 麦金《维特根斯坦的〈哲学研究〉》
G·哈特费尔德《笛卡尔的〈第一哲学的沉思〉》
罗杰·F.库克《后电影视觉：运动影像媒介与观众的共同进化》
苏珊·沃尔夫《生活中的意义》
王　浩《从数学到哲学》
布鲁诺·拉图尔　尼古拉·张《栖居于大地之上》
何　涛《西方认识论史》
罗伯特·凯恩《当代自由意志导论》
维克多·库马尔　里奇蒙·坎贝尔《超越猿类：人类道德心理进化史》
许　煜《在机器的边界思考》
A. 马尔霍尔《海德格尔的〈存在与时间〉》
提摩太·C.坎贝尔《生命的尺度：从海德格尔到阿甘本的技术和生命政治》

大学问 · 名人传记与思想系列

孙德鹏《乡下人：沈从文与近代中国（1902—1947）》
黄克武《笔醒山河：中国近代启蒙人严复》
黄克武《文字奇功：梁启超与中国学术思想的现代诠释》
王　锐《革命儒生：章太炎传》
保罗·约翰逊《苏格拉底：我们的同时代人》
方志远《何处不归鸿：苏轼传》
章开沅《凡人琐事：我的回忆》
区志坚《昌明国粹：柳诒徵及其弟子之学术》

大学问 · 实践社会科学系列

胡宗绮《意欲何为：清代以来刑事法律中的意图谱系》
黄宗智《实践社会科学研究指南》
黄宗智《国家与社会的二元合一》
黄宗智《华北的小农经济与社会变迁》
黄宗智《长江三角洲的小农家庭与乡村发展》
白德瑞《爪牙：清代县衙的书吏与差役》
赵刘洋《妇女、家庭与法律实践：清代以来的法律社会史》
李怀印《现代中国的形成（1600—1949）》
苏成捷《中华帝国晚期的性、法律与社会》
黄宗智《实践社会科学的方法、理论与前瞻》
黄宗智 周黎安《黄宗智对话周黎安：实践社会科学》
黄宗智《实践与理论：中国社会经济史与法律史研究》
黄宗智《经验与理论：中国社会经济与法律的实践历史研究》
黄宗智《清代的法律、社会与文化：民法的表达与实践》
黄宗智《法典、习俗与司法实践：清代与民国的比较》
黄宗智《过去和现在：中国民事法律实践的探索》
黄宗智《超越左右：实践历史与中国农村的发展》

白　凯《中国的妇女与财产（960—1949）》
陈美凤《法庭上的妇女：晚清民国的婚姻与一夫一妻制》

大学问·法律史系列
田　雷《继往以为序章：中国宪法的制度展开》
北鬼三郎《大清宪法案》
寺田浩明《清代传统法秩序》
蔡　斐《1903：上海苏报案与清末司法转型》
秦　涛《洞穴公案：中华法系的思想实验》
柯　岚《命若朝霜：〈红楼梦〉里的法律、社会与女性》

大学问·桂子山史学丛书
张固也《先秦诸子与简帛研究》
田　彤《生产关系、社会结构与阶级：民国时期劳资关系研究》
承红磊《"社会"的发现：晚清民初"社会"概念研究》
宋亦箫《古史中的神话：夏商周祖先神话溯源》

大学问·中国女性史研究系列
游鉴明《运动场内外：近代江南的女子体育（1895—1937）》

大学问·中国城市史研究系列
关文斌《亦官亦商：明清时期天津的盐商与社会》
李来福《晚清中国城市的水与电：生活在天津的丹麦人，1860—1912》
贺　萧《天津工人：1900—1949》

其他重点单品
郑荣华《城市的兴衰：基于经济、社会、制度的逻辑》
郑荣华《经济的兴衰：基于地缘经济、城市增长、产业转型的研究》
拉里·西登托普《发明个体：人在古典时代与中世纪的地位》

玛吉·伯格等《慢教授》
菲利普·范·帕里斯等《全民基本收入：实现自由社会与健全经济的方案》
王　锐《中国现代思想史十讲》
王　锐《韶响难追：近代的思想、学术与社会》
简·赫斯菲尔德《十扇窗：伟大的诗歌如何改变世界》
屈小玲《晚清西南社会与近代变迁：法国人来华考察笔记研究（1892—1910）》
徐鼎鼎《春秋时期齐、卫、晋、秦交通路线考论》
苏俊林《身份与秩序：走马楼吴简中的孙吴基层社会》
周玉波《庶民之声：近现代民歌与社会文化嬗递》
蔡万进等《里耶秦简编年考证（第一卷）》
张　城《文明与革命：中国道路的内生性逻辑》
洪朝辉《适度经济学导论》
李竞恒《爱有差等：先秦儒家与华夏制度文明的构建》
傅　正《从东方到中亚——19世纪的英俄"冷战"（1821—1907）》
俞　江《〈周官〉与周制：东亚早期的疆域国家》
马嘉鸿《批判的武器：罗莎·卢森堡与同时代思想者的论争》
李怀印《中国的现代化：1850年以来的历史轨迹》
葛希芝《中国"马达"："小资本主义"一千年（960—1949）》